中国经济文库·应用经济学精品系列（二）

本著作获广东省哲学社会科学基金项目“大数据背景下的广东农村产权流转：制度环境、运行模式与监管机制”（GD16CGL11）、广东省软科学项目“广东农村产权流转的科技服务模式和管理机制研究”（2016A070705037）、广州市哲学社会科学发展“十三五”规划课题“新型城镇化与乡村振兴战略下激活广州农村资产潜能对策研究”（2018GZZK21）资助

苏柱华
李伟锋 ◎著

广东农村产权流转理论与实践

Theory and Practice of Rural Property Rights Transfer in Guangdong

中国经济出版社
CHINA ECONOMIC PUBLISHING HOUSE
北 京

图书在版编目（CIP）数据

广东农村产权流转理论与实践／苏柱华，李伟锋著.
—北京：中国经济出版社，2019.12
ISBN 978-7-5136-4896-7
Ⅰ.①广… Ⅱ.①苏… ②李… Ⅲ.①农村—产权制度改革—
研究—广东 Ⅳ.①F327.65

中国版本图书馆 CIP 数据核字（2017）第 248537 号

责任编辑　叶亲忠
责任印制　马小宾
封面设计　华子图文

出版发行　中国经济出版社
印 刷 者　北京九州迅驰传媒文化有限公司
经 销 者　各地新华书店
开　　本　710mm×1000mm　1/16
印　　张　13.75
字　　数　150 千字
版　　次　2019 年 12 月第 1 版
印　　次　2019 年 12 月第 1 次
定　　价　48.00 元
广告经营许可证　京西工商广字第 8179 号

中国经济出版社 **网址** www.economyph.com **社址** 北京市东城区安定门外大街 58 号 **邮编** 100011
本版图书如存在印装质量问题，请与本社销售中心联系调换（联系电话：010-57512564）

序言

加快推进农村产权流转管理服务建设，是深入贯彻习近平总书记系列重要讲话精神，以及落实全面深化改革的重要举措。2014年12月，国务院办公厅出台了《关于引导农村产权流转交易市场健康发展的意见》（国办发〔2014〕71号），2015年5月28日，广东省委、省政府出台了《关于引导农村产权流转管理服务平台建设的指导意见》（粤委办〔2015〕192号），均明确指出：要以公开交易、规范服务、科学管理为重点，促进农村产权流转制度化、规范化、信息化。十九大报告提出，要实施乡村振兴战略，推进农村集体产权制度改革。2018年，中央“1号文”强调，乡村振兴，产业兴旺是重点，强调要推进农村集体产权制度改革。2018年5月，省委办公厅印发《中共广东省委、广东省人民政府关于推进乡村振兴战略的实施意见》，重点提出，要深化农村集体产权制度改革，助力乡村振兴。

开展农村产权流转科技服务与管理机制研究，是社会经济与科技发展的必然趋势：一是通过农村产权流转信息化建设、绩效评价等科技服务与管理手段，有利于农村产权流转交易公开、公正、规范运行，推动深化农村综合改革。二是通过提升农村产权流转中产权评估、风险评价、交易可视化等科技服务与管理功能，可激发农户对产权流转的主观能动性，增加集体经济组织和农民财产性收入，有利于赋予农民更多财产权利的保障。

农村产权流转提供的科技服务可以促进农民财产、农村集体资产的保值增值，维护农户财产性收益，有利于稳定和完善农村基本经营制度，保障农民与农村集体经济组织的财产权益。进场交易的农村产权交易信息，在交易过程中会产生信息不对称、模糊等情况。鉴于此，农村产权流转科技服务的需求将会越来越重要，主要体现在对农村产权流转平台信息公布、信息管理、成果转让。在科技服务平台的服务下，原则上实行减免转让佣金，免费为农户进行农村产权流转的挂牌和宣传，配套当地农村产权的补助金，降低农户在进行交易过程中的成本，实现溢价功能。同时，科技服务的动力来自如今科技水平的提高及互联网普及应用，农户可以通过多种网络渠道享受到农村产权流转科技服务中的益处，而非停留在只知道发布农村产权流转化、实现交易等方面，农户在科技服务的协同作用下将会更加愿意参与农村产权流转交易的发展进程。

本研究将对科技服务广东农村产权流转的服务模式、管理机制和实现路径进行有效调研分析、归纳总结，为广东农村产权流转实现中央和省委要求的规范化服务、信息化管理提供政策建议，为实现广东农村产权流转公开交易、规范服务、科学管理的目标奠定理论基础。

本研究为广东省哲学社会科学基金项目“大数据背景下的广东农村产权流转：制度环境、运行模式与监管机制”阶段性成果（GD16CGL11）、广东省软科学项目“广东农村产权流转的科技服务模式和管理机制研究”（2016A070705037）研究成果、广州市哲学社会科学发展“十三五”规划课题“新型城镇化与乡村振兴战略下激活广州农村资产潜能对策研究”（2018GZZK21）的部分成果。前期研究从2014年开始至今，调研足迹遍布广东省各市和大部分市、县，北京、上海、浙江等地也在兄弟单位的支持下开始了调研，对在研究过程中给予大力支持和帮助的各兄弟高校、科研单位和地方政府，以及单位领导和同事、朋友表示衷心感谢。由于研究水平有限，在写作过程中难免出现不少纰漏和差错，恳请各位朋友大力斧正！同时欢迎在农村产权制度研究领域的各位大牛和同人共同交流，共同推动农村集体产权制度改革，为乡村振兴献上一份绵薄之力。

作　者

2019 年 7 月

前言

Coadser A. 等国外学者研究指出，美国、德国等发达国家农村产权流转研究相对较多，比较注重农村产权流转中科技服务功能的运转与发挥。国内党国英、罗必良、叶兴庆等学者对农村产权流转的制度环境、研究手段、案例分析等进行了研究。陈清明、何秀芝、楼建丽等学者对江苏、上海、重庆等地的农村产权流转现状进行了调研和分析。马义华、谭荣、袁媛等学者对我国农村产权的流转中不足之处进行分析，并提出了选择路径。本课题组对以往研究进行了梳理，大致集中在两方面：一是农村产权流转的范畴与现有主要政策制度研究；二是制约我国农村产权流转体制机制的影响因素研究。

以往的研究主要集中在农村产权流转制度探索的研究方法、现状调研与路径选择等方面。当前，在农村产权流转科技服务功能的制度环境、科技服务模式、管理机制、实现路径以及政策性建议等方面，还没有学者对广东区域进行研究，尚属空白。

本研究以广东农村产权流转制度为研究对象，对其服务模式、管理机制、实现路径等进行系统归纳总结，研究基于科技服务支持的农户产权流转的经济行为特征分析，同时分析制约农村产权流转科技服务和管理功能有效运转的障碍性因素及作用机理。并对广东农村产权流转科技服务模式与管理机制典型案例进行总结梳理，分析其在推进农村经济发展、促进农村产权有序流转的科技服务模式、管理机制及实现路径，提出可激发广东农村产权流转科技服务功能的服务模式、管理机制、实现路径的对策建议。本项目研究拟采用文献综述、问卷调查、实地访谈、材料收集梳理、数据对比、理论与实践相结合、定量与定性相结合等分析方法，对科技服务在广东农村产权流转中的作用现状进行调查，梳理总结其典型模式，重点采用逻辑递进的研究方法：一是对现状调查的描述进行定量分析；二是对制约发展的问题原因用定性分析的方法进行因果解释；三是调研总结典型的案例模式，进行实证分析。本研究的研究框架见下图。

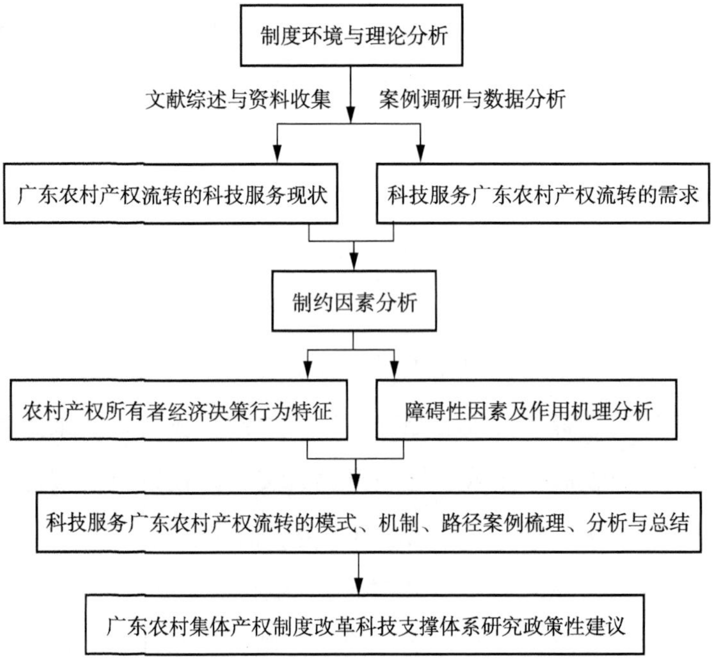

以往农村产权方面的研究，多围绕农村流转的形式、经验做法以及模式等方面展开，鲜有涉及从政策制度层面，对其制度环境的缺失或不足之处；以及从大数据应用层面，对产权流转运行模式、平台监管机制进行实证调研。本研究围绕国家、广东省委省政府高

度关注的城乡一体化发展、农村综合改革和农村集体经济发展等重点热点问题，利用实证调研、大数据挖掘等多种社会科学和信息手段相结合的研究方法，在对全国农村产权流转现状梳理的同时，全面系统地对广东农村产权流转的历史背景、市场交易现状、理论发展、现行管理和服务模式、大数据平台下的运作模式、存在短板等问题开展深层次调研，运用理论与实践相结合方法，探索今后在乡村振兴战略背景下广东农村产权流转的战略和发展方向。本研究大致分为七个板块内容开展阐述：一是国内外农村产权流转理论；二是国内农村产权流转模式；三是广东农村产权流转的发展背景与理论、模式演变；四是大数据背景下广东农村产权流转典型案例分析；五是广东农村产权流转的短板分析与发展思路；六是广东省农村产权流转的科技服务机制与管理模式；七是广东农村产权流转的发展模式、运行机制与实现路径，以期为广东农村产权流转实现规范化、标准化、信息化管理提供案例与政策建议支撑。

本研究以国务院和省委省政府正在力推的广东农村产权流转的科技服务与管理工作为调研对象，对其服务模式、服务体系建设、管理机制、实现路径等进行系统归纳总结。研究基于科技服务支持的农户产权流转的经济行为特征分析，同时分析制约农村产权流转科技服务和管理功能有效运转的障碍性因素及作用机理。并对广东农村产权流转科技服务模式与管理机制典型案例进行总结梳理，分析其在推进农村经济发展、促进农村产权有序流转的科技服务模式、管理机制及实现路径，提出了可激发广东农村产权流转科技服务功能的服务模式、管理机制、实现路径的对策建议，为全面深化农村改革和实现乡村振兴提供有价值的经验借鉴和启示。一是广东农村产权流转现状调研。以目前正在大力推进的广东农村产权流转中的科技服务与管理工作，作为本研究调研对象。对广东省农村产权流转中科技服务与管理现状，包括科技服务需求、服务体系建设、运行管理机制（产权信息服务、风险评价、价值评估等）、科技服务平台建设等情况，进行既全面又有侧重的调研总结；分析当前现状、存在问题与发展趋势。二是基于科技服务支持的农户产权流转的经济行为特征分析。以省内农村产权所有者的主体之一——农户为研究对象，针对为其提供科技服务支持措施时所做出的经济决策行为进行调研，包括农户作为产权所有者的内生动力、流转意愿、制度环境约束、信息技术条件约束等方面；从经济学角度研究农户视角的产权流转科技服务模式与管理机制建设。三是制约广东农村产权流转有效运转的障碍性因素及作用机理分析。运用博弈模型和结构模型，对制约农村产权科技服务与管理功能有效运转的障碍性因素进行因果分析，定量判断各个主次因素对产权流转科技服务和管理的影响程度和作用机理。四是广东农村产权流转典型案例分析。根据农村产权流转科技服务与管理专项调研收集整理、总结得出的典型案例，对其科技服务模式和管理机制进行实证分析。五是关于广东农村产权流转服务模式、管理机制、实现路径的对策建议。根据拥有广东农村产权流转权利的所有者经济决策行为特征分析、障碍性因素分析结果和案例实证结果，综合广东农村产权流转的工作部署和要求，提出科技服务广东农村产权流转的发展目标、重点任务、管理机制、保障措施以及实现路径。

广东省农村产权流转科技服务平台建设始终以坚持和完善农村基本经营制度为前提，以保障农民和农村集体经济组织的财产权益为根本，以规范交易行为和完善服务功能为重点，在提升科技服务和完善管理机制中要紧扣“三变”改革主线，深化农村产权体制改革，以县级交易平台为基础，以市级交易平台为龙头，建立市、县、乡三级统一、规范、联动的功能全面的农村综合产权交易市场体系，利用市场体系的多级平台开展农村综合产权交易服务。建立统一的农村产权流转交易市场体系，公开、透明、有序地发布农村产权流转的相关信息，规范农村产权流转和交易行为，防控交易风险，促进农村产权流转和交易，激活农村生产要素市场，提高农民财产性收入，实现农业生产增效、农民生活增收、农村生态增值。

农村综合产权交易平台应为服务“三农”的非营利性机构，可以是事业法人，可以是国有资本出资组建的企业法人，依法组织各类农村产权交易，独立承担法律责任和市场风险。各市、县（区）政府要整合现有各类农村产权服务平台，鼓励多种形式的合作共建和区域联建。全面融合当前国内国际先进技术，依托局域网、政务网和互联网，通过运用互联网技术及相应数据库技术。农村产权交易、农业经营管理的建设应面向农业委局域网、政务网和互联网。由于局域网、政务网和互联网是采用“三网隔离”的原则建立起来的，农村产权流转服务平台系统应分别部署在“三网”上，系统之间采用离线方式进行数据交换。

目录
CONTENTS

第一章

农村产权流转的理论基础与相关概念

第一节　农村产权流转的相关概念

一、产权的概念

《牛津法律大辞典》把产权定义为“存在于任何客体之中或之上的完全权利，包括占有权、使用权、出借权、转让权、用尽权、消费权和其他与财产有关的权利。……不要把财产权视为单一的权利，而应把它视作若干独立权利的集合体。”这种权利的集合体被称为“权利束”。从法律视角看，财产权是一组权利。这一组权利描述了人们对其拥有的资源可以做什么，不可以做什么，他们可以占有、使用、开发、改善、改变、消费、破坏、出售、捐赠、遗赠、转让、抵押、出租、借贷，或者阻止他人侵犯自己的财产。法律概念上的财产就是一组所有者自由行使物质资料并且其行使权利不受他人干涉的权利束。以上是从法律的视角对产权下的定义。

从经济学的视角对产权下定义较早的有德姆赛茨。他指出“产权是一种社会工具，其重要性就在于事实上它们能够帮助一个人形成他与其他人进行交易时的合理预期。这些预期通过社会的法律、习俗和道德得到表达。产权包括一个人或者其他人受益或受损的权利。”阿尔钦认为产权是一个社会所强制实施的选择一种经济品的使用的权利。菲吕博腾与配杰威齐认为产权是一组权利构成的权利束，具有可分解性。产权的可分解性在中国农村土地产权制度改革过程中具有十分重要的意义。如果没有产权的可分解性，那么家庭联产承包责任制以及农地市场等就很难被引入农村社会。正因为使用权等可以从广义的所有权中分离出来，才可能出现一系列的产权交易。产权是专指一种所有权形式内部多种权利及其相互组合，是对一种所有权内在权利结构或既定所有权中每种权利形式的研究。产权所体现的是各种具体权利的规定性和效用，是由既定社会制度性质决定的法律规范认可或加以界定的，主要用于对经济当事人的具体权益、义务、责任区别或确定，属于一定社会制度下权利市场运行范畴。费希尔认为“产权是享有财富的收益并且同时承担与这一收益相关的成本的自由或者所获得的许可……产权不是有形的东西或事情，而是抽象的社会关系。产权不是物品。”与之相反，产权是人与人之间由于稀缺物品的存在而引起的，与其使用相关的关系。产权是人们财产主体围绕或通过财产客体而形成的经济权利关系。

虽然理论界对于产权的定义不尽相同，但是基本上达成以下几点共识：第一，产权不是一个权利，而是一束权利，而且产权的内涵会随着社会生产力的发展不断被丰富。第二，产权具有可分解性，同一财产客体的各项权利不是集所有权利于某一主体一身，而是分别被多个主体不同程度地拥有。第三，产权是一种排他性的权利。

产权的特性主要包括可分解性、排他性和可转让性。首先，产权的可分解性。产权一般是对财产各种权利的总称。作为一种权利束的组合，它为各项权利的分解提供了前提。产权的可分解性指的是某项产权的各种权利可以分别属于不同的主体。产权的不同权能可以由同一主体行使转变为由不同主体行使，从而通过分工合作实现资源配置的优化。产权的可分解性意味着在同一产权结构内并存着多种权利，每一种权利只能在规定的范围内行使，超出这个范围，就要受到其他权利的约束和限制，或者对其他权利造成损害。其次，产权的排他性。排他性指在特定财产制度下产权主体只能有一个，是甲的，就不能是乙的。产权的排他性与产权明晰有密切的关系。如果产权不明晰或产权界定不清，就很难区别产权的排他性。西方产权经济学家认为私有产权具有较强的排他性，而共产产权没有或几乎没有排他性。最后，产权的可转让性。产权的可转让性是指产权在不同主体之间的转手和让渡。在产权经济学家看来，交易实质上不是物品的位移，而是产权的让渡。这种让渡既可以是产权的全部权利的永久性让渡，也可以是部分权利在一定时期内的让渡。产权的可转让性与产权的可分解性是密切相关的，产权的可分解性为产权的转让提供了条件，而产权的可转让性直接促进了资源的优化配置和经济效率的提高。

产权的功能是指产权在社会经济关系和在经济运行中所显示出来的作用。产权主要有激励功能、约束功能、外部性内部化功能、资源配置功能。首先，激励功能。任何产权主体对其产权的行使，都是在收益最大化动机支配下的经济行为。在经济运行中，如果能够有明确的产权对行为主体的经济行为予以保护和肯定，并能够使行为主体产生一定的收益预期，则行为主体就具有了内在的动力行使其权利，产权的激励功能就可通过利益机制得以实现。反之，若产权不明晰，利益关系模糊，则必然导致行为主体失去行使权利的动力，失去生产经营的积极性，从而使得经济运行效率低下。第二，约束功能。约束与激励是相辅相成的，如同权利与义务一样。产权关系既是一种利益关系，又是一种责任关系。产权在激励行为主体的同时，也对行为主体的行为产生约束作用。在权利明晰的情况下，行为主体不仅能够产生合理的收益预期，也能够明确自己的责任，即明确行为主体侵权或越权所付出的代价。由此，产权对行为主体的约束功能就体现出来了。产权的约束功能，进一步明确了行为主体间的权利界限，有助于降低交易成本，提高产权运行的效率。第三，外部性内部化。德姆塞茨指出“产权的一个主要功能是引导人们实现将外部性较大地内在化的激励。”当外部性内部化的收益大于成本时，产权就会朝着外部性内部化的方向发展。第四，资源配置功能。不同的产权安排，资源的配置状况不同。合理的产权的资源配置功能主要是优化资源配置，提高资源的配置效率。有效的产权安排可以减少资源浪费，提高经济效率。

二、集体经济的概念

（1）陈荣德等（2006）：集体经济亦称集体所有制经济，是生产资料归部分劳动者共同所有的一种社会主义公有制，是我国社会主义公有制经济制度的两大组成部分之一，是社会主义优越性的表现之一。

（2）张曙光（2010）：中国农村实行的是土地的集体所有制，它不是本来意义上的合作经济，而是行政权力主导的经济，村集体组织及其代理人就是产权的主体，虽然村级组织是名义上的自治组织和经济组织，实际上是基层乡镇政府的派出机构。

（3）韩松（2011）提出：农村社区集体组织以本集体成员集体所有的财产，通过直接经营或者出资、发包、出租、出让、转让等方式实现价值增值，并以集体公共服务或者公平分配等方式实现集体成员利益的活动，以及农民专业合作社和各专业合作经济组织服务其合作成员的经济活动。

三、农村集体经济组织的概念

（1）孔繁军、许尚涛（2002）认为：农村集体经济组织是代表农村劳动群众行使农村土地所有权的经济组织，是社会主义劳动群众行使农村土地所有权的经济组织，是社会主义劳动群众集体所有制的基本组织形式，是农村统分结合的双层经营体制中“统”方经营者。

（2）李慧（1998）认为：农村集体经济组织是指自实行家庭联产承包责任制和双层经营体制改革之后，由乡村、村民小组和部分农民共同占有生产资料，实行集体所有制的经济组织。

（3）王惠恩、吕炳华（1992）认为：我国目前的农村集体经济组织，是在农业合作化和人民公社“三级所有、队为基础”体制基础上，经过改革而形成的，是目前我国农村参加人数最多，覆盖面最广的一种合作经济组织，是具有中国特色的社会主义农村合作经济组织。

（4）魏宪朝、于学强（2008）认为：我国农村集体经济组织，产生于20世纪50年代初的农业合作化运动，它是在自然乡村范围内，由农民自愿联合，将其各自所有的生产资料（土地、较大型农具、耕畜）投入集体所有，由集体组织农业生产经营，农民进行集体劳动，各尽所能，按劳分配的农业社会主义经济组织。

（5）姜法芹（2007）认为：传统意义上的农村集体经济组织，是指在行政乡村范围内，以社会主义集体所有制经济为主要特征的一种组织形式。

（6）崔建华（2012）认为：农村集体经济组织是特定范围的人以土地为纽带结合在一起的经济体，具有自然延续性。

（7）张松柏等（2006）认为：农村集体经济组织就是劳动群众集体所有的一种公有制，其实质是组成该集体经济组织的全体成员（劳动者）共同拥有生产资料、共同劳动、共享收益的一种经济组织形式。

概括上述定义，农村集体经济组织是农村集体经济的组织载体，是农村统分结合的双层经营体制中“统”方经营者，是农村合作经济组织的重要组成部分，是与村民委员会并列的农村主要基层经济组织。其具有5个特点：

一是社区性，以社区合作为基础，且由特定地缘关系的社区成员组成。

二是集体性，是为增强集体经济实力而设立的，是农村集体经济的组织载体。

三是双层经营性，是以家庭联产承包为基础的，统分结合的双层经营体制。

四是服务性，即为农户提供产前、产中、产后服务，增强农民抵御各种风险的能力，服务性是主要特点。

五是历史性，农村集体经济组织是体制改革的产物，不是市场经济的产物。

四、农村集体经济组织成员的概念

（1）崔建华（2012）：农村集体经济组织成员是指在农村集体经济组织中从事经济活动、享有经济权利、承担相应义务的民事主体。

（2）周菊生（2006）：农村集体经济组织成员资格的判断，应当从我国农村集体经济组织所具有的自然共同体特征出发，以成员权理论为基础，以是否形成较为固定的生产、生活为基本条件，并结合是否具有依法登记的集体经济组织所在地常住户口作为判断是否具有集体经济组织成员资格的一般原则。

（3）李庆华（2008）认为：农村集体经济组织成员资格的确认应基于由农村集体经济组织较为固定的成员所组成的具有延续性的共同体，成员原则上应在该共同体集体组织所在地长期固定地生产、生活，形成事实上的权利、义务关系及管理关系，并结合是否具有依法登记的集体经济组织所在地常住户口来进行确认。

（4）崔建华（2012）：农村集体经济组织成员资格应当将多种综合因素作为认定农村集体经济组织成员资格的参考标准，如农民身份、集体经济组织所在地的常住户口以及以集体土地作为生活的保障。

实践中，我国各省（市、区）对农村集体经济组织成员资格的认定大体以当地集体经济组织所在户籍为基础，制定合乎当地实际情况并被集体接受的界定方法。

（1）浙江省 1992 年《村经济合作社组织条例》第 17 条、第 18 条、第 19 条规定：户籍在本村，符合下列条件之一，且遵守村经济合作社章程的农村居民，为本村经济合作社社员：开始实行农村双层经营体制时原生产大队成员；父母双方或者一方为本村经济合作社社员的；与本社社员有合法婚姻关系落户的；因社员依法收养落户的；政策性移民落户的；符合法律、法规、规章、章程和国家、省有关规定的其他人员。因下列原因之一户籍关系迁出本村或者被注销的，应当保留社员资格：解放军、武警部队的现役义务兵和符合国家有关规定的初级士官；全日制大、中专学校的在校学生；被判处徒刑的服刑人员；符合法律、法规、规章、章程和国家、省有关规定的其他人员。除本条例第 17 条、第 18 条规定以外的人员，履行村经济合作社章程规定义务，经本社社员（代表）大会表决通过的，可以成为本社社员或者保留本社社员资格。

（2）山东省 2004 年《实施〈中华人民共和国农村土地承包法〉办法》第 6 条规定：符合下列条件之一的本村常住人员，为本集体经济组织成员：本村出生且户口未迁出的；与本村村民结婚且户口迁入本村的；本村村民依法办理领养手续且户口已迁入本村的子女；其他将户口依法迁入本村，并经本集体经济组织成员的村民会议 2/3 以上成员或者 2/3 以上村民代表的同意，接纳为本集体经济组织成员的。

（3）新疆维吾尔自治区 2005 年《实施〈中华人民共和国农村土地承包法〉办法》第 7 条规定："本集体经济组织成员为户籍关系在本村的常住人员。"

（4）广东省人民政府 2006 年实施的《农村集体经济组织管理规定》第 15 条规定：原人民公社、生产大队、生产队的成员，户口保留在农村集体经济组织所在地，履行法律法规和组织章程规定义务的，属于农村集体经济组织的成员。实行以家庭承包经营为基础、统分结合的双层经营体制时起，集体经济组织成员所生的子女，户口在集体经济组织所在地，并履行法律法规和组织章程规定义务的，属于农村集体经济组织的成员。实行以家庭承包经营为基础、统分结合的双层经营体制时起，户口迁入、迁出集体经济组织所在地的公民，按照组织章程规定，经社委会或者理事会审查和成员大会表决确定其成员资格；法律、法规、规章和县级以上人民政府另有规定的，从其规定。农村集体经济组织成员户口注销的，其成员资格随之取消；法律、法规、规章和组织章程另有规定的，从其规定。

（5）天津市高级人民法院2007年颁行的《关于农村集体经济组织成员资格确认问题的意见》第1条规定："农村集体经济组织成员一般是指依法取得本集体经济组织所在地常住农业户口，在本集体经济组织内生产、生活的人。"

五、农村集体经济组织发展概述

（一）我国农村集体经济组织发展的历史沿革

我国的农村集体经济组织是20世纪50年代我国农业合作化的重要产物，先后经历了互助合作、农业生产合作社（初级合作社和高级合作社）、人民公社、家庭联产承包制4个阶段。

第一阶段：互助合作阶段（1952年底—1953年底）。

土地改革完成后，1952年12月党中央做出《关于农业生产互助的决议（草案）》的决定，开始发展农民互助合作，意在促进农业生产。有3种形式：临时互助、常年互助、以土地入股为特点的农业生产合作社。

第二阶段：农业生产合作社阶段（1953年底—1957年）。

1953年底，党中央颁布了《关于发展农业生产合作社的决议》。《决议》提出：农民这种在生产上逐步联合起来的道路，也就是经过简单的共同劳动的临时互助组和在共同劳动基础上实行某些分工分业而有某些少量公共财产的常年互助组；到实行土地入股，统一经营而有较多公共财产的、半社会主义性质的初级农业生产合作社（以下简称初级社）；再到完全实行集体所有制的社会主义性质的高级农业生产合作社（以下简称高级社）。结果，初级社在较短的时间内就转成高级社。

1953年底—1955年处于初级社阶段，指以土地入股、统一经营为特点的部分集体所有制的经济形式。在这个阶段，土地、牲畜、农具等生产资料属于农民所有，合作社只有使用权，农民可以凭借私有财产权获得相应的股金收入。初级合作社的规模一般为 30～40 户。

1956 年开始高级社运动。1956 年通过《高级农业生产合作社示范章程》，规定“社员的土地必须转为合作社集体所有，取消土地报酬”。至此，个体农民不能不入社；入社的农民土地不分红；农民收入按照社员参加集体劳动的分工分配，不支付其他报酬；合作社的土地不出租，除了小块自留地和零星土地的农民家庭使用权，合作化所完成的土地公有的含义就是消灭了土地转手而取得报酬的权利。

第三阶段：人民公社阶段（1958 年—1978 年）。

1958 年，在全国“大跃进”发展背景下，中央提倡并社，把高级合作社建成既是经济组织，又是政权组织；既能发展农业，还能发展二、三产业；政社合一，农工商学兵结合，向共产主义过渡的农村社会经济组织——人民公社。其特征是：

一是“政社合一”。人民公社既是基层政治组织，又是经济组织，还是社会主义社会在农村的基层单位，是融政治、经济、文化于一体的组织。集体经济组织成为农村基层政权的附属，缺乏自主权和独立权。

二是“一大二公”。“一大”指生产规模大，高级合作社一般是以户为单位，人民公社以村为单位，实行集体劳动，统一分配。“二公”是生产资料的公有化程度高。不允许私有经济成分存在，高级合作社的财产和社员的私有财产统归入人民公社所有，在全国统一经营、统一分配。

三是平均主义。实行公社内部统一管理，平均分配，且是绝对的平均化。在生产流通方面实行统购统销，排斥市场经济，不仅剥夺了农民生产资料的所有权，而且还剥夺了农民的经营权和管理权。

人民公社“三级所有，队为基础”的组织形式片面强调公有化程度和公有制范围，农民生产多少、生产好坏一样，平均分配，吃大锅饭，严重挫伤了劳动者的积极性和创造性，不能适应农业生产力的发展，给农民的生产和生活带来了诸多困难。

第四阶段：家庭联产承包责任制下的农村集体经济组织（1978年以后至今）。

党的十一届三中全会《决定》公布后，总结了农业合作化后期农村工作的经验教训，建立起家庭联产承包责任制，开始确立农民家庭的独立经济地位和自主经营权利，极大地调动了农民群众的积极性。

家庭联产承包制为主的组织形式大体经历了以下几个发展阶段：包工到组，包产到组；包产到户，包干到户。1978 年党的十一届四中全会《决定》明确“允许在进一步扩大生产队自主权的基础上，实行包工到组、包产到组”。1980 年 9 月通过的《关于进一步加强和完善农业生产责任制的几个问题》中强调落后地区可以搞包产到户、包干到户。1981 年包产到户不仅在经济落后的地区得到发展，而且在全国得到了推广。1982 年中央“1 号”文件指出“我国农业必须坚持社会主义集体经济，坚持土地等生产资料公有制长期不变，并规定包括包产到户、包干到户在内的各种生产责任制都是社会主义集体经济责任制”，此后农业生产责任制处于包干到户（即土地承包到户，交足国家的，留够集体的，剩下都是自己的）阶段。同年，中共中央在《当前农业经济政策的若干问题》中指出，家庭联产承包制是社会主义集体所有制经济中“分散经营和统一经营相结合的经营方式”。

1983年，中共中央提出对人民公社体制进行改革的决定，包括3个层次：首先，将公社的政权职能与经济职能分开，公社改为乡，公社原有的经济职能由各种经济组织执行；其次，取消生产大队一级行政机构，成立基层自治组织，由其管理本地区居民的公共事务和公益事务；最后，将生产队改为独立的集体经济组织，以达到政企分开、党政分开的目的。1984年中央“1号”文件进一步强调：继续稳定和完善家庭联产承包责任制，帮助农民在家庭经营的基础上扩大生产规模，提高经济效益。自此，全国农村大部分地区实行以家庭联产承包为基础的、统分结合的双层经营体制，推行一轮土地承包，标志着农村集体经济组织进入一个新的发展阶段。据经济史资料，1984年实行包干到户家庭承包责任制的农户占全国农户的96.6%。

20世纪90年代，国家制定了在原耕地承包期到期后再延长30年不变的政策，即二轮土地延包，使承包者对土地的使用较之以前有更长、更充分的经营自主权，也为土地的使用（包括入股、转让、出租）奠定了一定的产权制度基础。以土地入股等各种合作经济组织，在20世纪90年代得以产生和发展。农村集体经济组织在这个年代基本上是以家庭承包经营为基础的统分结合的经营体制的巩固与完善，但也存在一些不可忽视的问题。

（二） 我国农村集体经济产权的历史沿革

新中国成立以前——共产党靠土地改革纲领打天下，家家农户有份私产。土地改革完成后，在新中国成立后的第一部大法《中华人民共和国土地改革法》（1950年）予以承认和保护，“土地改革完成后，由人民政府发给土地所有证，并承认一切土地所有者自由经营、买卖及出租其土地的权利”。到1952年，全国基本上完成土地改革的任务，实现了“耕者有其田”的目标，农民真正当家做了主人，生产积极性得到极大提高。

在互助合作阶段——合作社开始的时候，土地还是农民私产，没有特别禁止土地买卖与出租。

在初级社阶段——土地、牲畜、农具等生产资料属于农民所有，合作社只有使用权，农民可以凭借私有财产权获得相应的股金收入。1955年，全国人大通过的《农业合作社示范章程》，规定农民可以带土地入社，入社的土地参与分红，也规定农民可以带着土地退社，继续享有自由经营、买卖及出租的权利。但开始出现限制土地转让的倾向：一是虽明确入社土地有权参与分红，但又规定“土地报酬必须低于农业劳动报酬”；二是入社土地的分红方式，“一般应该由合作社议定固定的数量，不随着全社生产的发展而增加”；三是规定合作社的土地“不许出租”；四是明确我国农业生产合作化的发展，将从初级社向高级社发展，到了高级社，“对于社员的土地逐步地取消报酬”“转为全社公有，也就是全体社员集体所有”。

在高级社阶段——1956年通过了《高级农业生产合作社示范章程》，规定“社员的土地必须转为合作社集体所有，取消土地报酬”。即废除了社员入社土地的分红权。

在人民公社阶段——1962年中共中央通过了《人民公社60条》，第一次明文规定：“生产队范围的土地，都归生产队所有。生产队所有的土地，包括社员的自留地、自留山、宅基地等，一律不准出租和买卖”。从此，原本私有的生活资料宅基地被集体化了，自此以后农民新得到的宅基地，及老宅基地，全部属于“生产队所有”。农村土地包括入社的耕地、自留地和宅基地，进入了全面禁止转让的制度框架。而此时，《中华人民共和国土地改革法》仍然生效，但实际中已无执行。

在家庭承包责任制阶段——1978 年中共十一届三中全会、1979 年四中全会关于农业问题的红头文件和 1982 年、1983 年两个中央“1 号”文件，一律重申严禁土地买卖和出租。1984 年中央“1 号”文件，规定“自留地、承包地均不准买卖，不准出租，不准转作宅基地和其他非农业用地。”1984 年 7 月《中央书记处农村政策研究室解释有关土地承包的几个问题》，没有重申“土地不得出租”，禁止土地流转从制度上开了“口子”。

第二节　农村产权流转的理论基础

一、产权理论

（一）西方现代产权理论

西方现代产权经济学是在批判传统的西方微观经济学和福利经济学的一些根本缺陷的基础上，对新古典理论进行修正、扩展和一般化而逐步形成的。西方现代产权理论作为新制度经济学的一个分支，在 20 世纪 80 年代中期形成了较为成熟的理论体系。西方现代产权经济学认为以交易费用和产权为概念基石，以交易费用为基本分析工具，将交易费用、产权关系、市场运行和资源配置效率四者联系起来，研究产权及其结构和安排对资源配置及其效率的影响。代表人物主要有科斯（R. Coase）、阿尔钦（A. Alahian）、德姆赛茨（H. Demsetz）、威廉姆森（O. Williamson）、诺思（D. North）、配杰威齐（S. Pejovich）等。

在20世纪50—60年代初，科斯在“社会成本问题”一文中，研究“工厂烟尘给邻近的财产所有者带来影响”的问题时，指出该问题具有“相互性”，即避免对乙的损害就会使甲遭受损害。由此，科斯提出了交易费用的概念，并将产权引入经济学分析，初步形成了产权经济学的基本理论框架。科斯定理指出，如果交易费用为零，无论权利如何界定，都可以通过市场交易达到资源的最优配置。如果交易费用大于零，权利的初始界定就会对资源配置产生影响。科斯不仅提出了交易费用的概念，还分析了交易费用与产权之间的内在联系，并通过运用交易费用范畴将产权问题引入经济分析。

继科斯之后，交易费用概念被用于许多领域，其内涵扩展为经济制度的运行费用，为经济制度的分析奠定了基础。巴泽尔把交易费用定义为与转让获取和保护产权有关的费用。迈克尔·迪屈奇把交易费用定义为三个因素：调查和信息成本、判断和决策成本以及制定和实施政策的成本。威廉姆森从外部性、市场的不确定性、交易对手数目条件、资产专用型四个方面进一步分析了交易费用的决定因素及其对企业组织产生的影响。

经济分析的首要任务就是分析产权。阿尔钦指出，在本质上，经济学是对稀缺资源产权的研究，一个社会中的稀缺资源的配置就是对使用资源权利的安排，是一个经济学的问题，或者价格如何决定的问题，实质上就是产权应如何界定与交换以及应采取怎样的形式的问题。

巴泽尔指出由于信息成本的存在，任何一项权利都不是完全界定了的。没有界定的权利于是把一部分有价值的资源留在了“公共域”。此外，产权的界定是一个演进过程。随着新的信息的获得，资产的各种潜在有用性被人们发现，并且通过交换他们关于这些有用性的权利而实现其有用性的最大价值。每一次的交换都改变产权的界定。

西方产权经济学的理论认为，市场机制具有的缺陷主要表现在外部性上，而外部性则根源于产权界定不清，由此造成交易障碍，使资源配置达不到最优化。通过产权与外部性的关系可以衡量一种产权安排的效率，能提供较大的激励。西方现代产权经济学就是要解决如何通过权利界定和变更安排所有权的权利结构，降低或消除市场机制运行的社会费用，提高运行的效率，促进经济增长，即追求“最佳权利配置以及由此带来的更多的产值”的实现。产权理论研究就是要“选择”一种实现所有权效率优化组合（包括法律规则、组织形式、实施行为规范等方面的组合）的“函数”。

（二） 马克思主义产权理论

近年来，产权制度改革成为我国经济学界的热门话题。但是，谈到产权理论，学者们更多指的是现代西方产权理论。事实上，马克思早期就对各个社会形态的产权关系做过丰富、深刻的论述。正如配杰威齐所认为的：“是马克思第一个拥有产权理论”。

马克思主义把产权定义为人们（主体）围绕或通过财产（客体）而建立和形成的经济权利关系。产权虽然在实质上是人们的经济关系，但它离不开一定的客体。马克思主义从客体和主体两个方面研究产权关系。马克思主义研究产权关系和所有制不只是停留在主体的性质上，而是还研究不同主体的权利、职能、作用以及它们相应带来的利益，研究这些产权关系对生产、交换和分配的影响。马克思分析了几种权能在互相分离的情况下的产权关系。

所有权权能分离论是马克思主义产权理论的重要理论之一。所有权分离理论认为，所有权具有占有、使用、收益和处分权能，其中一项权能甚至所有权能都可以暂时与所有人分离而所有人不丧失所有权。所有权权能暂时与所有权分离正是所有人行使所有权的一种形式。“在物权法律关系中，……权能与所有权发生分离形成他物权，在债权法律关系中，权能与所有权发生分离形成债权”。有学者认为：“因为对所有权之权能的分离，于是产生了用益物权和担保物权制度。”分离和独立后的土地产权，既要在经济上获得实现，又要形成新的经济关系。马克思还考察了土地产权权能统一和分离在不同历史条件下所表现出来的不同形式和特征。小生产方式中所有权和占有权、使用权、收益权结合在一起。土地私有权制度下土地产权中一项或几项权能与土地所有权相分离并独立运作。土地公有产权制度下所有权与使用权、占有权分离并形成所有者与使用者、占有者多元产权主体。

（三）现代农村产权理论的发展

20 世纪 60 年代以来，一些发达国家围绕农村发展问题，不断推进农村产权改革实践。例如，法国的“农村振兴计划”，德国的“巴伐利亚试验”，韩国的“新农村运动”，日本的“国民经济倍增计划”等，均为解决农村产权和发展问题提供了成功典范。中国农村发展问题研究经历了一个长期而曲折的过程。20 世纪 80 年代末期至 90 年代末，农村发展研究处于起步阶段，农业区划、农村聚落、土地资源开发利用等问题研究进一步深化。进入 21 世纪，农村产权改革发展研究进展较快，尤其是党的十八大后开展农村集体产权制度改革、强化集体经济、强调农民权能赋能等方面有较多的探索和进展，党的十九大后中央提出乡村振兴战略，对深化农村集体产权改革提出了新的要求。

1. 国外学者研究观点：制度创新是农村产权发展的根本要素

日本的速水佑次郎和美国的 Fornone Latine 认为农业产出增长和农业生产率增长是农业发展的基本内涵，适用于各个地区不同的要素相对稀缺程度而产生的技术创新称为“诱致性技术创新”，Ruse 则将有利于新的有利的经济机会产生的制度创新称为“诱致性制度创新”，为农村经济发展提供了有力的解释。美国农村社会学家 Aiflite M. Lojame 和 Laboe J. Bodege 根据个体农村变迁的思想，将世界各国农村发展过程的典型样式概括为两种：内发变迁和关联变迁。

2. 国内学者对农村产权改革发展动力的研究呈多样性

（1）制度模式驱动论。杜润生（1995）认为，要实现农村持续发展，必须坚持和完善农村基本经营制度。罗必良（2017）提出，要推进农村土地产权制度改革与流转的实践探索，推进农业土地经营“共营制”模式改革。陈锡文（2017）在全国政协会议上提出，要坚持农村基本经营制度，强化农村集体产权制度改革，深入开展农村产权“三权分置”的理论与实践研究。

（2）深化改革驱动论。中国人民大学温铁军（2016）主张通过深化新时期农村改革增强农村发展活力，重点在生产力领域解决土地、劳动力和资金净流出进而缓解乡村治理，在生产关系领域建设综合性合作社，弱化资本下乡对农民的剥夺。中央农村改革领导小组副组长陈锡文（2013）认为要重点解决和处理好“人”与“地”的关系，进一步发挥农民的主体作用，适应农村转型发展的需要。

（3）农村经营驱动论。中国社科院党国英（2010）主张通过活化农村土地产权进而发展适度规模，解决农村发展问题。中央党校徐祥临（2008）认为，农村产权是否可行，应以农民投入各种生产要素后能否得到合理的回报为标准。郭晓鸣（2013）、宋洪远

（2015）指出，农村产权股份制改革是激发农村产权活力的重要路径。

（4）乡村治理驱动论。中国农村研究院徐勇（2016）提出，通过明晰农村产权，可以有效改善基层治理，激发贫困地区的内在活力。贺雪峰（2015）提出，因地制宜建立和培育规范的乡村治理体系，是解决国内不同区域农村产权改革与发展的关键制度前提。邓大才（2017）指出，农村集体产权制度改革是国家基层治理的重点抓手。

（5）乡村建设驱动论。于战平（2014）认为农村产权发展模式主要有四种，包括城乡统筹、协调、互动建设农村模式，传统村庄改造带动农村发展模式，内生性产业提升带动模式，完善区域公共产品和公共服务带动模式。中国社科院农村发展研究所张晓山（2015）认为，我国农村产权制度改革有几种值得借鉴的模式，其中乡村建设是最重要的一种。

二、物权理论

在传统物权法理论中，物权的特性主要表现在支配性、排他性、绝对性。支配性是指物权人可以依自己的意思就其标的物上直接行使其权利，无须他人的意思或行为的介入。排他性是指物权人有权排除他人行使标的物上权利的干涉，而且同一标的物上不容许有内容不相容的物权并存。绝对性即物权对世上任何人都有约束力，主体对物享有物权时，其他一切人都成为义务人。从经济学角度分析，物权的设立，是为了权利主体能够更好地利用、发挥物的效用。实现物的使用价值，是实现物的效用的一种方式；而实现物的交换价值，是实现物的效用的另一种方式。以上关于物权的 3 点法学特征，主要立足于权利主体的意志能够不受干涉地支配客体，针对的是物的使用价值的实现。而实现物的交换价值的决定性因素，是物权具有充分的可转让性。因此，支配性、排他性、绝对性再加上可转让性4点共同构成物权的经济本质与特征。

中国《物权法》第2条第3款规定："本法所称物权，是指权利人依法对特定的物享有直接支配和排他的权利，包括所有权、用益物权和担保物权。"以物权的主体归属为标准进行分类。自物权是指对"自己之物"享有的物权，也就是所有权；他物权，是对"他人之物"享有的物权，即所有权以外的各种物权。他物权是派生于所有权的物权类型，权利人根据法律规定或合同约定对他人所有之物享有其所有权部分权能。从设立目的对定限物权进行再分类。用益物权是指以实现标的物的使用和收益为目的而设立的定限物权。用益物权作为一种物权，是对他人之物在一定范围内加以占有、使用、收益的定限物权，是对他人之物的使用价值进行支配，从而充分实现物的效用的权利。担保物权是指为担保债权的实现而设立的定限物权，如抵押权、质权、留置权等。两者区分的意义在于，用益物权一般为独立性的主权利，用益物权人的目的是为了获得物的使用价值；担保物权则具有从属性，担保物权人的目的是为了获得物的交换价值。

集体土地所有权属于自物权的范畴。土地所有权是土地所有者所拥有的、受到相关制度或规则保护或限制的排他性的专有权利。具体而言是指土地所有者对土地所享有的占有、使用、收益和处分的权利的总和，它们可以相互结合，也可以相互分离而独立，而在现实生活中分开是广泛和必要的，实行土地所有权和使用权的分离，已经成为建设和完善地权制度的重要基础。

土地承包经营权则属于他物权中的用益物权的范畴。当出现他物权的时候，即所有人将财产交给他人利用时，便形成了所有人与利用人，利用人与不特定义务人，所有人和不特定义务人之间复杂的有关财产归属和利用等法律关系。

目前，法学界对于物权的认识一个明显缺陷是，都侧重于权利主体对于物的关系，没有注意到由于物的存在而形成的人与人之间的关系；只强调物权的“质”，而没有认识到物权的“量”即权利的边界性。受物权法调整财产归属关系的观念的影响，过去的法学研究一直将所有权置于财产权的核心位置，人们主要关注和讨论农地所有权的问题，将农地所有权作为一切农地问题的起点和归宿。当代法学家提出利用权优于所有权，社会性利用优于私人性利用来构建新的物权理论，以适应生产社会化、资源配置市场调节最优化的社会主义市场经济的要求。物权法过去主要是调整财产归属关系，现在是调整财产关系，因物的归属和利用而产生的民事关系，依照现代物权理论以用益为中心界定各项土地产权，依社会主义市场经济的要求和现代物权理论相统一的原则，明晰产权。

三、法经济学理论

法经济学又称法律经济学，是 20 世纪 70 年代以后发展起来的一门用经济学的准则、价值观、方法和概念研究法律问题的交叉学科，例如，民事问题和契约问题都可以归结为产权界定问题，即对法律进行经济分析。法律经济学强调效率，属于经济学的范畴。西方现代产权经济学直接推动了法律经济学作为一门学科的产生和发展，而交易费用理论和科斯定理是法律经济学的理论基石。法律经济学是关于“权利配置”的科学，其核心内容是权利配置理论，即研究如何进行公平、合理、有效的权利配置，从而影响资源配置，实现资源配置效率最大化的目标。一个有效率的法律制度的最根本性质在于它能够提供一组有关权利、责任和义务的规则，能为一切创造性和生产性活动提供最广阔的空间，每个人都不是去想方设法通过占别人的便宜来增进自己的利益，而是想方设法通过增加生产，并由此实现自己的利益最大化。

法律的经济分析是一门交叉的学科，它综合了两大研究领域，并且使人们加深了对两个领域的理解。经济学有助于人们用一种全新的方法来认识法律。制度经济学主张运用制度，分析制度因素在社会经济发展中的作用，着重从制度和结构方面分析社会的变化及其存在的问题，预测其发展趋势，并提出政策建议。法律经济学是用经济学的方法来考察、研究法律制度的形成、结构、过程、效果、创新及其未来发展。目前，中国的改革都是制度性的改革，都涉及制度经济学的基本理论，特别是农地产权制度的改革，更是需要通过法律和经济相结合的方式来进行深入的研究。

法律经济学的核心思想在于，任何法律的制定与执行都要有利于资源配置的效益并促使其最大化。波斯纳认为，所有的法律规范、法律制度和法律活动（包括立法、司法、诉讼等），归根结底都是以有效地利用社会资源，最大限度地增加社会财富为目的，所有的法律活动基于此论断都可以用经济学方法来分析和知道。波斯纳定理（Posner theorem）指出，如果市场交易成本过高而抑制交易，那么，权利应赋予那些最珍视他们的人。

以法律手段促进资源的最优化配置，促使有效益的结果产生，从而实现社会财富增加或者增值。因此，法律经济学理论对法律制度建设的意义包括：一是人们必须运用法律的规范性和实证性经济分析方法，分析现行法律规范、法律制度和法律活动，以解释并论证它们是否符合效益原则，同时对一切不符合效益原则的地方提出相应的改革方案；二是人们还应以法律的经济效益性为中心，以法律的预期变化为基础，注重法律对人们将发生的刺激作用和人们对法律变化的预见性反应。

四、制度变迁理论

制度是一个社会的博弈规则，或者更规范地说，它们是一些人为设计的、形塑人们互动关系的约束。制度通过为人们提供日常生活的规则来减少不确定性。制度经济学研究的重点是人、制度与经济活动（人类行为）以及它们之间的相互关系。新制度经济学就是用经济学的方法研究制度的经济学。以科斯、诺斯为代表的新制度经济学强调用经济学去分析制度的构成和运行，去发现制度在经济体系运行中的地位和作用。用经济学的方法研究制度变迁、制度选择和优化。

诺斯认为，科斯等创立的产权理论有助于解释人类历史上交易费用的降低和经济组织形式的替换。根据产权理论，在存在技术、信息成本和未来不确定因素的约束下，在充满稀缺和竞争的世界里，解决问题的成本最小的产权形式将是有效率的。明晰的产权能够降低交易费用。面对信息不完全的市场，产权结构的明确能够降低和消除不确定性。制度创新的一个重要的内容就是产权结构的创新。通过产权结构的创新，理清相关主体之间的利益关系，减少交易摩擦，降低交易成本，从而提高制度运行的效率。

新制度经济学认为，制度不是外生给定的，在资源配置过程中，它作为内生变量影响资源的优化配置，不同的制度选择，影响资源配置的效率。制度是怎样影响人的行为和经济绩效的呢？这取决于一项制度所包含的规则对人们努力的激励程度和激励导向，对人们努力的激励程度取决于这一制度内涵的收益报酬结构与人们努力供给的一致性。制度对努力的激励如果能使人们将资源和努力配置于非生产性活动方面更为“有效”，它就会妨碍经济增长，这是一个社会经济绩效不佳的重要根源。在制度对行为的激励效应中，有两个方面是至关重要的：一个是制度内含的产权安排的完整性；另一个是经济组织对努力与报酬的计量能力。

诺斯指出制度变迁决定了人类历史中的社会演化方式，因为这是理解历史变迁的关键。农地产权安排是植根于农村社会，受正式制度和非正式制度共同约束，并且随着社会、经济、政治和文化的变迁而不断变迁。相对价格的根本性变化是制度变迁的最重要来源。制度变迁的来源，包括要素比率的变化（即土地—劳动、劳动—资本等比率的变化），信息、成本，技术的改变等，兼属于相对价格的变化。制度变迁是否发生主要有两个方面的动因：由于外部环境的变化发展，一方面会使原来的制度安排变得无效、并非最佳或制度短缺；另一方面会改变可供选择的制度结构的制度选择范围。制度的变迁是由外部环境，即社会发展的大背景决定的。制度变迁的根源在于制度决定者与制度接受者之间的矛盾，也是相关利益主体博弈的结果。制度变迁实际上是权力和利益的再分配，制度的变迁过程实际上是外部利润内在化的过程。制度变迁的方式主要有强制性制度变迁和诱致性制度变迁。“人们过去做出的选择决定了他们现在可能做出的选择”，制度变迁一旦走上了某一条路径，它的既定方向会在以后的发展中得到自我强化。因此，在研究农村土地产权制度时，必须要重视其制度固有的“路径依赖”，即我们有必要沿着新中国成立以来农民集体和农民个人间的农村土地权利配置的历史路径，对制度变迁的路径进行重新思考和评价，从中挖掘其发展方向。

制度的演变取决于不同利益集团的博弈均衡。在社会主义市场经济建设的过程中，我国农村土地产权制度涉及的利益主体越来越多样化，国家、地方政府、村集体经济组织、村委会、农民个人之间的利益关系日益复杂化，各自的利益取向也越来越多元化。在这种情况下，农村土地产权制度的博弈均衡将取决于不同利益集团的相互作用。

五、不完全契约理论与自我约束机制

完全契约理论假定在契约中可以事先对一切可能出现的情况进行预测，并约定各方的权利和责任——即各方在所有的或然情况下如何行事。在最优契约中，代理人为委托人的利益最大化而行事，并依据契约规定获得报酬。契约是对各方当事人行为限制和规范的制度安排。但在实际交易中，由于有限理性及交易费用的存在，在契约中对“一切”进行预测显然是一个不可能事件。因此，事前最优契约常常面临失效风险，委托人和代理人由于信息不对称，当委托代理关系建立后，如果出现目标不一致甚至利益冲突的情况，代理人会利用自己的信息优势地位，出于最大化自身利益的目的，在其与委托人目标相悖时，背离委托人的目标，甚至可能会采取有损委托人利益的行为，造成代理成本，导致效率损失。因此不完全契约理论逐渐兴起。不完全契约理论认为，既然规定各种或然状态下的权责无法实现，就需要在自然状态实现后通过再谈判来规范各方权责，避免效率损失，因此交易的中心、重心必须放在对事前权利（包括再谈判权）进行机制设计或制度安排，来解决当所有权与控制权分离时，所产生的委托代理问题。一个集体组织稳定协调发展离不开外部约束和自我约束。自我约束机制是指集体组织为合法合规运行并提升运行效率而实施的一系列自我控制手段的总和。“约束”关系中三种要素最为关键，第一，约束主体，是指约束行为的发出端；第二，约束客体，指约束行为的接收端；第三，约束条件，指约束的规则、范围、程度。在自我约束中，约束主体与约束客体重合。要想找到组织行为模式的均衡点，需要强调约束规则设计的重要性。自我约束机制的自发形成较为困难，因此需要有一定的强制因素诱导形成。有效的自我约束通常主要有两个方面，一是对管理层的激励和约束，二是对互动机制的设计从而达到约束效果。

第二章

国内产权流转发展概述

第一节　党中央和国家关于产权制度改革的精神要求

一、中央文件对农村产权制度改革的精神和要求

1. 2007年中央“1号”文件要求

加快推进农村集体林权制度改革，明晰林地使用权和林木所有权，放活经营权，落实处置权，继续搞好国有林区林权制度改革试点。

2. 2008年中央“1号”文件要求

坚持和完善以家庭承包经营为基础、统分结合的双层经营体制。这是宪法规定的农村基本经营制度，必须毫不动摇地长期坚持，在实践中加以完善。各地要切实稳定农村土地承包关系，认真开展延包后续完善工作，确保农村土地承包经营权证到户。加强农村土地承包规范管理，加快建立土地承包经营权登记制度。切实保障农民土地权益。城镇居民不得到农村购买宅基地、农民住宅或“小产权房”。

3. 2008年10月党的十七届三中全会《决定》要求

稳定和完善农村基本经营制度。以家庭承包经营为基础、统分

结合的双层经营体制，是适应社会主义市场经济体制、符合农业生产特点的农村基本经营制度，是党的农村政策的基石，必须毫不动摇地坚持。搞好农村土地确权、登记、颁证工作。赋予农民更加充分而有保障的土地承包经营权，现有土地承包关系要保持稳定并长久不变。完善土地承包经营权权能，依法保障农民对承包土地的占有、使用、收益等权利。按照依法自愿有偿原则，允许农民以转包、出租、互换、转让、股份合作等形式流转土地承包经营权，发展多种形式的适度规模经营。土地承包经营权流转，不得改变土地集体所有性质，不得改变土地用途，不得损害农民土地承包权益。完善农村宅基地制度，严格宅基地管理，依法保障农户宅基地用益物权。

4. 2009 年中央“1 号”文件要求

稳定农村土地承包关系。抓紧修订、完善相关法律法规和政策，赋予农民更加充分而有保障的土地承包经营权，现有土地承包关系保持稳定并长久不变。强化对土地承包经营权的物权保护，做好集体土地所有权确权登记颁证工作，将权属落实到法定行使所有权的集体组织；稳步开展土地承包经营权登记试点，把承包地块的面积、空间位置和权属证书落实到农户，严禁借机调整土地承包关系，坚决禁止和纠正违法收回农民承包土地的行为。

5. 2010 年中央“1 号”文件要求

（1）加快农村集体土地所有权、宅基地使用权、集体建设用地使用权等确权登记颁证工作，工作经费纳入财政预算。力争用 3 年时间把农村集体土地所有权证确认到每个具有所有权的农民集体经济组织。农村宅基地和村庄整理后节约的土地仍属农民集体所有。

（2）完善农村土地承包法律法规和政策，加快制定具体办法，确保农村现有土地承包关系保持稳定并长久不变。继续做好土地承包管理工作，全面落实承包地块、面积、合同、证书“四到户”，扩大农村土地承包经营权登记试点范围，保障必要的工作经费。

6. 2012 年中央“1 号”文件要求

稳定和完善农村土地政策。加快修改完善相关法律，落实现有土地承包关系保持稳定并长久不变的政策。加快推进农村地籍调查，2012 年基本完成覆盖农村集体各类土地的所有权确权登记颁证，推进包括农户宅基地在内的农村集体建设用地使用权确权登记颁证工作，稳步扩大农村土地承包经营权登记试点，财政适当补助工作经费。深化集体林权制度改革，稳定林地家庭承包关系，2012 年基本完成明晰产权、承包到户的改革任务，完善相关配套政策。

7. 2013 年中央“1 号”文件要求

建立归属清晰、权能完整、流转顺畅、保护严格的农村集体产权制度，是激发农业农村发展活力的内在要求。全面开展农村土地确权登记颁证工作。健全农村土地承包经营权登记制度，强化对农村耕地、林地等各类土地承包经营权的物权保护。用 5 年时间基本完成农村土地承包经营权确权登记颁证工作，妥善解决农户承包地块面积不准、四至不清等问题。加快包括农村宅基地在内的农村集体土地所有权和建设用地使用权地籍调查，尽快完成确权登记颁证工作。农村土地确权登记颁证工作经费纳入地方财政预算，中央财政予以补助。深化集体林权制度改革，提高林权证发证率和到户率。改革和完善农村宅基地制度，加强管理，依法保障农户宅基地使用权。

8. 2013 年 11 月党的十八届三中全会《决定》要求

（1）产权是所有制的核心。健全归属清晰、权责明确、保护严格、流转顺畅的现代产权制度。公有制经济财产权不可侵犯。坚持农村土地集体所有权，依法维护农民土地承包经营权，发展壮大集体经济。

（2）健全自然资源资产产权制度，对水流、森林、山岭、草原、荒地、滩涂等自然生态空间进行统一确权登记，形成归属清晰、权责明确、监管有效的自然资源资产产权制度。

（3）稳定农村土地承包关系并保持长久不变，在坚持和完善最严格的耕地保护制度前提下，赋予农民对承包地占有、使用、收益、流转及承包经营权抵押、担保权能，允许农民以承包经营权入股发展农业产业化经营。

（4）赋予农民更多财产权利。保障农民集体经济组织成员权利，积极发展农民股份合作，赋予农民对集体资产股份占有、收益、有偿退出及抵押、担保、继承权。

（5）保障农户宅基地用益物权，改革完善农村宅基地制度，选择若干试点，慎重稳妥地推进农民住房财产权抵押、担保、转让，探索农民增加财产性收入渠道。

（6）建立城乡统一的建设用地市场。在符合规划和用途管制的前提下，允许农村集体经营性建设用地出让、租赁、入股，实行与国有土地同等入市、同权同价。

9. 2014 年中央“1 号”文件要求

（1）完善农村土地承包政策。稳定农村土地承包关系并保持长久不变，在坚持和完善最严格的耕地保护制度前提下，赋予农民对承包地占有、使用、收益、流转及承包经营权抵押、担保权能。在落实农村土地集体所有权的基础上，稳定农户承包权、放活土地经营权，允许承包土地的经营权向金融机构抵押融资。有关部门要抓紧研究提出规范的实施办法，建立配套的抵押资产处置机制，推动修订相关法律法规。切实加强组织领导，抓紧抓实农村土地承包经营权确权登记颁证工作，充分依靠农民群众自主协商解决工作中遇到的矛盾和问题，可以确权确地，也可以确权确股不确地，确权登记颁证工作经费纳入地方财政预算，中央财政给予补助。切实维护妇女的土地承包权益。

（2）引导和规范农村集体经营性建设用地入市。在符合规划和用途管制的前提下，允许农村集体经营性建设用地出让、租赁、入股，实行与国有土地同等入市、同权同价，加快建立农村集体经营性建设用地产权流转和增值收益分配制度。有关部门要尽快提出具体指导意见，并推动修订相关法律法规。各地要按照中央统一部署，规范有序推进这项工作。

10. 十九大报告及2018年中央“1号”文要求

（1）十九大报告：巩固和完善农村基本经营制度，深化农村土地制度改革，完善承包地“三权”分置制度。保持土地承包关系稳定并长久不变，第二轮土地承包到期后再延长30年。深化农村集体产权制度改革，保障农民财产权益，壮大集体经济。

（2）2018年中央“1号”文：

一是巩固和完善农村基本经营制度。落实农村土地承包关系稳定并长久不变政策，衔接落实好第二轮土地承包到期后再延长30年的政策，让农民吃上长效“定心丸”。全面完成土地承包经营权确权登记颁证工作，实现承包土地信息联通共享。完善农村承包地“三权分置”制度，在依法保护集体土地所有权和农户承包权前提下，平等保护土地经营权。农村承包土地经营权可以依法向金融机构融资担保、入股从事农业产业化经营。实施新型农业经营主体培育工程，培育发展家庭农场、合作社、龙头企业、社会化服务组织和农业产业化联合体，发展多种形式适度规模经营。

二是深化农村土地制度改革。系统总结农村土地征收、集体经营性建设用地入市、宅基地制度改革试点经验，逐步扩大试点，加快土地管理法修改，完善农村土地利用管理政策体系。扎实推进房地一体的农村集体建设用地和宅基地使用权确权登记颁证。完善农民闲置宅基地和闲置农房政策，探索宅基地所有权、资格权、使用权“三权分置”，落实宅基地集体所有权，保障宅基地农户资格权和农民房屋财产权，适度放活宅基地和农民房屋使用权，不得违规违法买卖宅基地，严格实行土地用途管制，严格禁止下乡利用农村宅基地建设别墅大院和私人会馆。在符合土地利用总体规划的前提下，允许县级政府通过村土地利用规划，调整优化村庄用地布局，有效利用农村零星分散的存量建设用地；预留部分规划建设用地指标用于单独选址的农业设施和休闲旅游设施等建设。对利用收储农村闲置建设用地发展农村新产业新业态的，给予新增建设用地指标奖励。进一步完善设施农用地政策。

二、深入推进农村集体产权制度改革

全面开展农村集体资产清产核资、集体成员身份确认，加快推进集体经营性资产股份合作制改革。推动资源变资产、资金变股金、农民变股东，探索农村集体经济新的实现形式和运行机制。坚持农村集体产权制度改革正确方向，发挥村党组织对集体经济组织的领导核心作用，防止内部少数人控制和外部资本侵占集体资产。维护进城落户农民土地承包权、宅基地使用权、集体收益分配权，引导进城落户农民依法自愿有偿转让上述权益。研究制定农村集体经济组织法，充实农村集体产权权能。全面深化供销合作社综合改革，深入推进集体林权、水利设施产权等领域改革，做好农村综合改革、农村改革试验区等工作。

三、中央文件对农村集体经济监管的精神和要求

1. 2013 年中央“1 号”文件要求

（1）必须健全农村集体经济组织资金资产资源管理制度，依法保障农民的土地承包经营权、宅基地使用权、集体收益分配权。

（2）加强农村集体“三资”管理。因地制宜探索集体经济多种有效实现形式，不断壮大集体经济实力。以清产核资、资产量化、股权管理为主要内容，加快推进农村集体“三资”管理的制度化、规范化、信息化。健全农村集体财务预决算、收入管理、开支审批、资产台账和资源登记等制度，严格农村集体资产承包、租赁、处置和资源开发利用的民主程序，支持建设农村集体“三资”信息化监管平台。

2. 2013 年 11 月中共十八届三中全会《决定》要求

建立农村产权流转交易市场，推动农村产权流转交易公开、公正、规范运行。

3. 2014 年中央“1 号”文件要求

加强农村经营管理体系建设。深化农村综合改革，完善集体林权制度改革，健全国有林区经营管理体制，继续推进国有农场办社会职能改革。

4. 中央领导的讲话精神

（1）习近平总书记在 2013 年 12 月中央农村工作会议上的讲话：

农村基本经营制度是党的农村政策的基石。坚持党的农村政策，首要的就是坚持农村基本经营制度。要坚持农村土地农民集体所有，这是坚持农村基本经营制度的“魂”。农村基本经营制度是农村土地集体所有制的实现形式，农村土地集体所有权是土地承包经营权的基础和本位。要坚持家庭经营基础性地位，这是坚持农村基本经营制度的根本。农民家庭是集体土地承包经营的法定主体。农村集体土地应该由作为集体经济组织成员的农民家庭承包。农民家庭承包的土地，可以由农民家庭经营，也可以通过流转经营权由其他经营主体经营，但集体土地承包权都属于农民家庭。要坚持稳定土地承包关系，这是维护农民土地承包经营权的关键。必须保持现有农村土地承包关系稳定并长久不变。要强化对土地承包经营权的物权保护，完善土地承包经营权权能，依法保障农民对承包地占有、使用、收益、流转及承包经营权抵押、担保权利。建立土地承包经营权登记制度，是实现土地承包关系稳定的保证，要抓紧抓实，真正让农民吃上“定心丸”。要不断探索农村土地集体所有制的有效实现形式，落实集体所有权、稳定农户承包权、放活土地经营权，加快构建以农户家庭经营为基础、合作与联合为纽带、社会化服务为支撑的立体式复合型现代农业经营体系。要在理论上回答农民土地承包权和经营权分离的问题，好好研究农村土地所有权、承包权、经营权三者之间的关系，加强对农村土地集体所有的组织形式、实现方式、发展趋势等的理论研究。

（2）汪洋副总理 2014 年 3 月在山东主持召开农村土地承包经营权确权登记颁证工作座谈会上的讲话：农村土地承包经营权确权登记颁证，必须认真贯彻中央的方针政策，处理好重大问题，积极稳妥地推进。要充分尊重农民群众意愿，发挥农民群众主体作用，切实保持现有土地承包关系稳定，把握好“确地”为主的确权原则，调动农民参与确权登记颁证的积极性，保证确权登记颁证工作质量，强化制度建设和成果应用。土地已经承包到户的，原则上都要确权到户到地。对已经实行土地股份合作的村组，或者土地很少且地界早已打乱的村组，可以确股不确地，但必须以尊重农民意愿为前提。搞土地股份合作社，农户需要入社，可在确地之后再加入。对法律政策已经明确的，要坚持按照法律政策规定办。法律政策尚未明确的，要从实际出发，通过村民议事会、理事会、代表大会等，采取农民群众议决的方式处理。

第二节　国内专家关于农村产权制度的观点

一、陈锡文同志（时任中央农办主任，2014）观点

第一，需要把握好在中国经济社会发展和改革过程中长期不会变的几个基本事实。一是要坚持农村土地集体所有制长期不变。整个国家的土地不存在私有制问题。从整个所有制结构发展来看，农村以家庭经营为主的各种各样经营形式，表现是以公有制为主体的经济社会领域，非常重要的方面就是依托集体土地所有权。二是要坚持农村经济社会基本形态长期不变。三是要坚持以地域性构造的生产生活和社会治理长期不变。

第二，土地不能私有化，集体经济还要发展是不变的，成员的权利和财产属性需要界定清楚。再穷的村即使没有资产，但土地资源还是有的，那就是清资核产，把“三资”搞清楚。现阶段可以分两种情况对待，一种是只有资源，没有集体经济资产的，没有资金

的地方，那就要做好土地、山林等资源的确权、登记、颁证工作。另一类就是有大量农村集体资产、又有大量外来人口的地方，不采取一定的办法把产权弄清楚，社会矛盾就会增多。必须把清资核产做好，才能体现农民的权益保障。有相当多集体资产，又有相当多外来人口的地方，不搞产权制度改革，将来是要出问题的。但是如何改，不一定是统一要求按照股份合作制，也可以想别的门路。但总而言之，要把握两条，一是不能让集体资产流失；二是财产关系要弄清楚，不能让将来出现太多利益纠纷。

二、周其仁（北京大学教授，2014）观点

第一，产权的内涵是使用权、收益权、转让权，其中转让权是关键。好的产权制度，边界要清楚，预期要稳定，要很灵便地转手，要转到谁用它谁效率高的人的手里去。产权证就是为转让提供便利的凭证。转手当中，资产就会增值，这是转让权的奥秘。

第二，哪怕是私人产权，它也不是完全是私人的事情，不是自己搞就行的，产权无论是私人产权、合作产权、集体产权、国有产权，一定要有国家介入，因为国家有第三方合法强制力。

第三，既然强制力要在财产权利当中发挥作用，就要讲究强度，不能软哈哈的，而且要稳定，不能老变，今天一套，明天一套。

第四，关于契约，改革的重点是要高度重视“契”，“契”是重点、要划清楚、要斩钉截铁，“契”不下功夫理清楚，社会就没完没了地在里头闹矛盾。“约”要有最大的弹性，要灵便。它叫家庭农场、它叫公司、它叫股份制、它叫合作制，它叫什么都行，只要它们双方、多方都愿意，并且不伤害社会其他成员的利益就行。所谓创新，就是在“约”上的创新，“契”没什么好创新的，谁的就是

谁的。

第五，集体经济组织成员要划边界。合作制为基础的集体制的成员边界很清楚，土改给谁分的地谁就是成员。成员死了就是财产继承，是他们家的事，跟其他人无关，这个资源的配置问题就一代人解决了。今天想入社，可以，出一份等价的资产进去你就是成员，是有价的、不是无价的。愿意当城市公司的股东还是愿意当农村合作社的社员，任君选择，但是要有个门槛，不是与生俱来的、跟身份连在一起的。总之，成员权要划死，不能说生出来就有权利，生出来的权利只能是在家庭范围内你去分，不能够去分邻居的财产。

第六，成员的权利怎么再组合，给最大的自由空间去尝试。合作社、家庭农场、“公司+农户”“公司+合作社+农户”都可以，这些是不同的合同，不同的合约，只要增加弹性，不要在这些问题上划得太紧。

第七，农村更大的问题是耕地以外的一些资产，其中非常重要的是集体建设用地，涉及产权制度改革的根本，必须同地同权。

三、陈小君（中南财经政法大学法学教授，2012）观点

农村集体经济发展的物质基础是财产，在法律上即为财产权。农村集体经济组织的财产权主要表现为土地财产权和企业财产权。无论何种财产权都必须进行确权，以定分止争，明确农村集体经济组织及其成员所享财产权之边界，这也是经济发展和财产权运作的前提；在立法上还要做到还权于民，以充实农村经济组织及其成员应享之财产权，这是因为其财产权在法律和事实上都遭到限制甚至剥夺；赋权于民，以增加农村集体经济组织及其成员之

资产性权利，实现国民待遇；有效行使权利，以营造法治环境，把权利落到实处，切实享有财产权之利；保障权利，以增强抵抗各种（特别是公权力的）不当、非法干预的能力和途径。法律应特别明确赋予农村集体应有的财产所有权权益及其实现手段，重构集体经济组织的财产运作制度，为农村集体的再组织化提供最基础的财产制度支撑。

四、李明刚（四川大学经济学院博士生，2006）观点

农村集体经济模糊的产权是制约其进一步发展的最大障碍。随着外部市场环境进一步改善，“政社合一”体制所能提供的保护效果越来越弱，而且模糊的产权结构也不再是一项有效的制度安排。改革开放后，实行统分结合的双层经营体制，农村资产集体所有的产权性质始终没有改变，产权主体缺位和产权边界模糊的问题始终没有得到有效解决。

五、黄韬、王双喜（2013）观点

对“乌坎事件”等一系列乡村治理失效案例进行分析发现，其失败的主要原因和表现是治理主体有效性不足，而乡村治理主体失效的根源在于农村产权主体权利结构不当或失效。

六、姜国祥（2004）观点

认为在我国农民收入增幅持续下降的原因中，产权不明的农村土地制度首当其冲，其导致农村土地产权的主体不明，从而各方的土地及其资金在“征地”过程中不为人知地大量流失。

七、郑风田（北京大学农业与农村发展学院，2005）观点

在村集体经济快速发展的同时，缺乏有效的监督机制，造成集体资产账目混乱，而民主决策制度缺失，也造成涉及村集体经济发展的重大经济行为、经营决策少有农民群众参与，对管理者缺乏有效的制约，导致部分集体资产流失。

八、陈建萍（温州大学商学院讲师，2010）观点

我国农村集体经济审计薄弱，村级集体经济组织的具体审计工作多由乡镇经管站承担，且审计人员通常不设专职，一般由经管人员兼任，导致监督苍白，容易造成以下结果：一是审计资源的浪费。二是名义上存在着农村审计，实际上审计没有发挥成效。三是村财务问题一直没有得到实质性的扭转。四是基层自治始终没有达到真正意义上的自治。

九、张海庆（河南省财政厅科研所，1999）观点

农村集体经济管理制度必须规范化，包括村及村民小组应根据当地实际情况配备财会人员或在村民小组间建立联组会计、分组设立账目进行会计管理，同时根据国家和省、市会计制度的规定，设置会计科目使用借贷记账方法，采用统一的会计凭证、会计账簿和会计报表。

第三节 国内农村产权流转经验做法

一、成都："还权赋能"

成都市委市政府2008年"1号"文件，"进一步改革完善农村土地和房屋产权制度"。要求在全市范围内完成农村集体土地所有权、使用权和全部房屋所有权的确权、登记和颁证，并在全面确权的基础上，推动农地承包经营权、山林承包权、集体建设用地使用权以及房屋产权的规范流转，最终建立健全归属清晰、权责明确、保护严格、流转顺畅的农村产权制度。

二、贵州湄潭县："增人不增地，减人不减地"的产权制度改革

20世纪80年代初包产到户几年之后，农民群众要求重新调整耕地承包。贵州看到由此带来的三个负面效果：一是耕地经营不断细碎化；二是减弱对农民改良耕地、投资耕地的激励；三是新增人口有权增地，不但把人"黏"在狭小的耕地上，还刺激各家增加人口。1986年，贵州农口部门认定农村土地承包制还需要进一步改革。1987年9月，贵州遵义湄潭以创办国家农村改革试验区为契机，被确定为国家土地制度改革试验区，推行改革：（1）延长农民家庭的土地承包期为50年，特别强调"第二轮土地延包不准将原来的承包地打乱按现有人口重新发包"；（2）实行"承包期内增人不增地、减人不减地"，把农户之间承包土地的权利边界完全划清；（3）改无偿承包为有偿承包，承包户需向集体经济组织缴纳土地承包使用费，土地承包有偿标准为每亩水

田每年收 3 元、每亩旱地每年收 2 元、自留地每亩每年收 1 元；（4）配套允许家庭之间的土地转包、转让、租赁、互换、入股联营；（5）鼓励人多地少户开发非耕地资源和发展家庭工副业，以及安排社队企业的就业机会等。

改革前，湄潭县宜林荒山 85 万亩，还有 74 万亩牧地的利用率仅达 16.5%；改革后，到 1993 年 10 月，全县开发荒山 15.5 万亩，带动就业 2.4 万人，多种经营的专业户 1.5 万户，占总农户 16.8%，比 1987 年增加了 11.5 个百分点；1.1 万劳动力在本地乡镇企业工作，4500 人进入本县第三产业，1.2 万人外出沿海地区打工。此外，湄潭的自然人口生育率显著下降，低于全省和全国平均水平。

三、上海市农村集体“三资”监管做法

第一，制定政策，明确要求。近年来，上海市纪委，联合农委、发改委、财政局、民政局等部门，从财务公开、民主管理、农村审计监督、村级集体经济组织产权制度改革、农村社区股份合作社办理工商登记、村级会计委托代理服务、村级财务规范建设等多方面提出加强农村集体“三资”管理的规范性要求。2010 年 10 月，按照党的十七届三中全会的要求，根据农业部《关于进一步加强农村集体资金、资产、资源管理指导的意见》，上海市制定了《市农委关于加强农村集体资金、资产、资源管理的若干意见》（沪府办〔2010〕77 号），形成了较为全面的政策体系，对加强农村集体“三资”管理提出了系统的要求。2012 年 4 月，为加强“三资”监管平台建设，市纪委、监察局、农委、财政局、经信局五部门联合制定并下发了《关于推进农村集体“三资”监管平台建设工作的意见》。

第二，健全制度，规范运行。近年来，上海市在规范村级财务方面出台了一系列制度，有效规范了村级财务的运行。一是健全完善财务管理制度。建立健全了村级组织财务收支预决算制度、民主理财制度、财务公开制度、重大事项民主决策制度等近 20 项财务管理制度和内部控制制度。二是健全完善村级会计委托代理制度。全面推行村级会计委托代理制，统一制度、审核、记账、公开和建档。三是健全完善村级财务公开制度。村级组织所有的财务活动做到全面公开，重大财务事项逐项逐笔公开。涉及农民切身利益的重大事项随时公开。四是健全完善民主决策制度。凡是集体经济组织重大财务活动和财务事项，如集体土地征收征用、承包、租赁、干部报酬、大额举债、集体资产处置，以及年度收支预决算、集体企业改制等，必须经集体经济组织成员或成员代表会议讨论决定。

第三，清产核资，摸清家底。全面开展清产核资工作是实行农村集体“三资”管理的一项基础性和关键性工作。为进一步摸清上海市农村集体资产的家底，2009 年 11 月开始，上海市农经部门历时近半年，对上海市郊区 9 个区县、122 个镇级（包括相关涉农街道和工业开发区）、1768 个村级和 23319 个组级的农村集体经济组织的集体资产开展了清产核资工作。2011 年 2—4 月，又对中心城区农村集体经济组织开展了清产核资工作。调研显示，通过清产核资，核实了农村集体经济组织所有的资产，摸清了集体资产的存量、结构、分布和运用效益情况，农村集体经济组织的家底更加清晰。

第四，推进改制，惠及农民。近年来，随着郊区村级集体经济发展和城市化进程的加快，上海市村级产权制度改革工作正从少数区县开展试点转向面上逐步扩大试点阶段，各区县不断完善政策，积极开拓创新，进一步加大改革的推进力度，农村集体产权制度改革取得了新的突破。据统计，全市已有 6 个区、17 个镇、50 个村的集体经济组织建立了 46 个股份制公司或社区股份合作社，同时，在镇级层面，松江区中山街道和新桥镇探索了镇级产权制度改革，建立了镇级集体经济组织的管理主体——镇集体经济联合社。

第三章

国外产权流转发展概述

第一节 国外产权流转研究发展与演变

由于农村集体经济组织是我国特殊所有制结构下的特有概念，国外学者对集体所有制下的农村集体经济组织的研究少之又少，相关文献十分有限。因此，本部分只能通过对关于农业合作经济、产权理论中的共有产权和产权公平、合作经济组织创新等不同侧面分析总结相关外文文献，以寻求有价值的理论支持和方法，以期为我国农村集体经济组织产权制度改革研究提供新思路。

一、农业合作经济

西方农业合作社的经济学研究主要分为两个阶段。第一阶段以新古典经济学的均衡分析和边际分析为主要研究方法。关于农业合作社产生的原因，Sexton 和 Van（1988，1997）研究的结论是，合作社有利于农民实现规模生产、降低风险和提高生产质量，进而带来生产成本的节约和规模经济效益。在第二阶段，研究多以新制度理论为出发点。新制度经济学家认为合作制是农业发展中的理想制度选择，他们从交易费用理论出发来研究农业合作社，Levay（1983）和 Staatz（1987）认为经济合作社最初组建的核心动因是“节约交易费用”。Royer（1995）认为，由于合作社为农民所有，农民社员之间交易的不确定性很小，与IOFs（投资者所有企业）相比，合作社这一集体形式由于其产权共有的组织制度而在降低由资产专用性引起的交易成本方面能展现出优势且为资产价值的发挥贡献出巨大的效力。

关于农业合作经济的演化，学者们利用不同理论分析了农业合作社向IFOs演化的必然性。Cook（1995）认为为克服共有产权下产权不清引起的搭便车现象，合作社必须进行产权调整，其结果无非是消亡或者转变为IOFs。Harte（1997）依据交易成本理论和代理人理论指出，在市场经济充分发展的条件下，交易市场中的要素价格和交易条件变得更加公开和透明，信息不对称现象的减轻使得在市场经济发展不充分阶段合作社所具有的交易成本优势逐渐丧失，农民合作社向IOFs发展是必然趋势。

二、共有产权和产权公平

科斯对产权的阐述为：“产权包括一个人或其他人受益或者受损的权利……产权界定人们如何受益以及如何受损，因而谁必须向谁提供补偿，以修正人们所采取的行动。”西方产权理论普遍将产权分为私有产权、共有产权、国有产权三类。共有产权不同于私有产权，在提升效率和兼顾公平方面具有一定的优越性。德姆塞茨（1994）认为，共有制意味着：第一，共同体内的人有行使共有权的权利；第二，共有制为共有权人行使权利时不受其他个人和国家干扰提供保障。针对共有产权，哈丁（1968）曾以“公地悲剧”为例，阐述了公共财产实际上没有确定的所有权，从而会出现资源配置效率低下的观点。但是斯蒂格勒茨（1998）有不同看法，他提出：没有明晰的私有产权关系并不一定会催生资源配置效率低下的结果，有大量的文献资料显示同样在看似不清晰的共有产权制度结构下经营，许多地方社区都能通过多种类型的常规手段有效地避免“公地悲剧”的发生。

三、农业集体经济的制度创新

瑞典学者尼克尔森（Jerker Nilsson，1997）认为，合作社的低效甚至无效并非不会出现，而限制合作社发展的因素就是传统合作社的某些原则。学界在揭示合作社制度缺陷的基础上，探讨了合作社的制度创新。Chaddad 和 Cook（2004）认为，合作组织的组织制度创新是随着技术进步、农业产业化发展而发生的，他们提出并对比了产权有限制的合作社和产权开放的合作社两种合作社形式；Van Bekkum（2006）和 Bijman 探究了不将合作社改制为公司、仍保留其基本性质的产权创新方式，如在保留共有产权制度的前提下，设计合作社股票为可流转和可升值的交易模式，并且探究了合作社发行可交易的债券和优先股的经营模式。

第二节 国外农村产权流转经验做法

纵观世界各国发展历程，农村农业的发展规律具有一定的趋同性，但是由于政治环境、资源禀赋、人文背景等各种因素影响，不同国家农业经济发展也呈现出不同的特点。为了更好地与国外农村经济进行比较，我们将东欧[①]各国和东德[②]、东亚地区及越南两类不同区域进行比较分析。首先，与东欧各国和东德进行比较。从历史发展过程来看，东欧国家和东德都经历过社会主义体制、计划经济体制，曾有过农村集体经济，这些国家也是我国早期社会发展的效仿的对象，因而两者农村经济发展历程具有一定的可比性。其次，与东亚地区国家及越南进行比较。由于我国位于东亚地区，不管是从人文背景、资源禀赋还是经济发展环境来看，东亚地区的国家（如韩国、日本）与我国相似，而越南是实行家庭承包责任制的少数社会主义国家之一，具有典型代表性。

一、俄罗斯、东德与东欧各国

早期存在农村集体经济的苏联、东德和东欧各国在 1989 年后相继发生了政治剧变，同时各国都实行了农业改革以适应政治、经济的转变。有的改革进展取得了成效，奠定了国家经济发展的基础；有的改革比较曲折，加剧了农业危机，破坏了国民经济。分析和比较俄罗斯、东德与东欧各国农业发展过程的成败得失，有益于更好地指导我国农村集体经济的发展。

1. 农村集体经济改革

俄罗斯的村社与我国农村性质基本一致，因此，将其作为农村集体经济的典型代表进行分析，具有重要的借鉴意义。俄罗斯农村

---

① 东欧是指欧洲的东部地区。东欧国家包括俄罗斯、白俄罗斯、乌克兰、爱沙尼亚、拉脱维亚、立陶宛、摩尔多瓦，还有一些泛东欧国家，如哈萨克斯坦和阿塞拜疆。政治上的东欧是指自第二次世界大战后，或遭苏联并吞，或成为苏联的附庸国，政治上实行共产党的领导，经济上多采用苏联式计划经济体制的国家。

② 东德是存在于 1949—1990 年的一个中欧社会主义国家。1990 年 10 月 3 日，民主德国（东德）以联邦德国（西德）一部分的身份加入欧洲经济共同体，两德正式统一。在法律上东德被西德合并，以德意志联邦共和国为存续单位，东德便成为一个不再存在的国家。

生产关系在1861年前表现为村社和农奴制。其村社与我国传统农村即实行宗族式的农村公社制类似，村民相互帮助而保证正常的农业生产与生活。村社的基本特征是土地公有私耕，行政自治。土地公有私耕体现了公社的经济二重性：一方面，公社农民是个体生产，产品一般归农民私人占有；另一方面，公社对全部耕地规定了统一的使用制度，它对全部土地，包括社员占有或使用的耕地，具有实际的所有权，可进行土地重分。行政自治则体现了公社的社会二重性：一方面，公社是农民自己的联合体，有“老人会议”、米尔大会和社长等机构，按照一定的规则管理公社事务，具有非官方的民主组织的性质；另一方面，公社又是官方批准和承认的组织，是国家最基层的行政纳税机构，国家通过公社向农民征派赋税、徭役和兵役，因而公社是统治阶级的工具（卢志渊，2006）。1861年2月19日，废除农奴制的法令被批准，成为近代俄国农村生产关系变革的开端。虽然一半土地交给了从前的农奴，另一半留给了地主，但村社却被保留下来。村社在法律上得到确认，又恢复了其经济联合体和基层行政单位的地位。农民赎取的份地由村社共同占有和使用，不得买卖和抵押，村社大多按男性人口定期分配土地，以抑制土地占有的不均（曹维安，2002）。

随着经济发展需求日益强烈，俄罗斯进行了农村集体经济改革，其原因有三：①农业无法满足工业发展以及对外扩张的需求；②村社限制导致农业落后；③建立以土地私有制为基础的农民经济，构建自由新型的农业合作社。虽然在改革中，集体经济被弱化而瓦解，但是总体而言，农村集体经济改革放宽了农村经济政策，农业生产要素的流动也有力地促进了农业的发展，缓和了农村的生产关系。进出自由的农业合作社得以发展，并大大地提高了农业生产效率。

最终使得俄罗斯走出农业危机，走上现代化的农业道路，从粮食进口国变成出口国。

2. 实行土地私有制

东欧剧变后，东德与东欧各国都开始对土地进行私有化改造。最早的是波兰，其次是匈牙利，随后是保加利亚、俄罗斯、东德等。

波兰一直以私人农场和个体农户为主，所以波兰政府在 1989 年下半年就确立了土地私有化方针，对国营农场和农业合作社的土地实行私有化。

匈牙利在 1990 年 9 月开始了土地私有化进程，并且专门成立了“国有资产代办局”，授权负责实施大、中、小型的农业企业私有化。为了保障土地私有化的推进，匈牙利先后颁布了三部“补偿法”，这些法律具体地规定了在 1939 年 3 月—1989 年 10 月期间，对于被没收、被损坏或由于政治的原因被剥夺的包括土地在内的财产进行补偿的办法。

保加利亚于 1991 年 4 月公布了《农业土地所有权和使用法》，并于 1992 年对其进行了修改和补充，规定该国公民可以按照 1946 年拥有的土地恢复其私有权，并且规定土地所有者的子女有继承权。

东德的土地私有化是在两德统一后进行的。德国在 1990 年公布的《农业调整法》为私有制的重新实现、农业生产合作社集中的土地和财产进行分配奠定了基础。通过托管局的控制，对国营农场 130 万公顷国有土地和 77 万公顷林地进行了私有化和租赁制改革。东部的农业私有制改造工作由托管局下属的土地使用管理股份有限公司专门负责。

俄罗斯对土地关系进行了最全面、最激进的改革。1991 年 12 月 27 日，叶利钦签发了《关于俄罗斯联邦实施土地改革的紧急措施》

的总统令，要求在一年内完成集体农庄和国营农场的重新登记和改组，并且计划几年内建立几百万个家庭农场，在农村全面实行私有制。

3. 发展合作经济组织

波兰于 1992 年 4 月，农村各地区建立了农村所有制改造分部，其任务是把国营农场改造成私人农场。波兰合作社的发展跌宕起伏，“一战”之前就有 3745 个合作社，主要类型有：消费合作社、农民的供销合作社、农民的服务合作社、土地租赁合作社等。尽管波兰在 1990—1991 年开展了反合作社活动，但经过 10 多年的恢复发展，波兰全国合作社已恢复到 8500 个，拥有成员 800 万人，为社会提供了 35 万个工作岗位，涉及金融、工业、消费、农业生产等 16 个行业（唐仁健，2014）。

匈牙利国营农场的转型始于 1991 年，对 104 个农场实行部分私有化，将 4 个农场转变为股份合作公司。另外，国家保留了 19 个农场 50%的股份，5 个农场 25%的股份以保证进行优质高产的动植物品种的生产。根据合作社及其转型相关的法律，合作社必须在一年之内对以下三种转型方向做出抉择：①把合作社改造成可以向合作社以外售股的股份公司；②在合作社成员内分配财产；③可以保留合作社，但必须以所有者间的合作取代原来的雇员间合作。

保加利亚农业集体化采取把农民组织到农业生产合作社中来的形式。农民携土地入社，以土地分红，集体劳动，按劳付酬。农业集体化大致经历了 3 个阶段，即建立和发展农业生产合作社阶段、并社阶段、实现农工综合体阶段。

原东德时期的 4530 个农牧业生产合作社和 580 个国营农场通过所有制关系的重组已变成了约 3 万个以农民家庭企业、农业联合体、农业股份公司等为主要形式的农牧业生产单位。

俄罗斯是根据联邦政府《关于改组集体农庄和国营农场的建议》来实现合作经济组织的发展。到1992年底，俄罗斯有约一半的集体农庄和国营农场完成了改组工作，其中有4300个集体农庄和国营农场维持原体制不变，有3000个转为股份公司，3800个改为有限农业公司，600个改造为农业生产合作社，2173万户退出企业组建了农户农场。

二、东亚各国及越南

1. 以小农经济为主

韩国与日本都是以小规模农户为主进行农业生产的国家。两者的土地改革都以平均地权和耕者有其田为目标，因而形成了以自耕农为主的小农经济体制，韩国制定了《土地改革法》，日本制定了《农地法》，从法律上确立了农民所有制的永久地位（王苏彬，2009）。

越南与我国一样，是社会主义国家，并实行家庭承包责任制，即把土地使用权长期稳定地承包给农户。20世纪80年代以后，越南逐渐发展以家户为主要生产单位的相对分散的农业生产方式。2003年，越南通过了修订后的《土地法》，将种植多年生长作物的土地使用期限延长至70年，实行土地使用许可证制度；赋予农民自主生产经营的权利，并鼓励农民通过合法转让、继承、租赁和抵押土地使用权。2008年，越南再次对《土地法》进行修订，明确了土地使用权的市场运行规则，鼓励农户将土地使用权作为资产投放到资本市场，从而获得相关资金和收益（凡兰兴，2013）。

2. 多元分层的合作经济模式

韩国于1958年正式成立了韩国第一个全国性的农协组织，即全国农协中央会，主要从事供应与销售业务。韩国农协通过开展各种农业业务、银行业务与保险业务和技术服务等手段支持农业和农村的经济建设（徐晓丹、马国华，2013）。长期以来，韩国逐渐形成了农业生产经营的联动机制，通过许多社会中介组织和中间商将农户与市场联结起来，形成了“农户—农民协会—中间批发商—零售商—消费者”一条龙农业生产流通的格局（曹俊杰、王学真，2004）。

日本农业协同组织（简称“农协”）是由农民自愿联合，自成系统的农业经济合作组织。它的业务涵盖农业科技和农业生产的指导，生产物资、生活用物的购置，农产品的加工储运和销售，直至农民的储蓄、贷款、保险、医疗、养老、旅游、教育文化等，涉及农民从生产到生活的方方面面（温信祥，2013）。日本农协不仅是社会组织，也是政府政策的有力执行机构和准公共机构（罔部守，2004）。日本农协分为三个层次，即市町村级农协、县级农协和全国农协。各级组织机构按层级接受相应的领导，同时在事业上又各自独立的经营实体（王志刚、孙瑞瑞等，2012）。

越南在20世纪90年代初开始大兴家庭庄园模式。家庭庄园具有法人资格，它们从国家获得一定的土地、森林或海面的使用权，以此为基础进行各种农业生产活动。家庭庄园实质上是“以户为单位的且在经济规模上较大的商品生产单位”（宫玉涛，2014）。越南于1997年1月1日实施《合作社法》，要求改造旧式合作社，使之向新型合作社转变；建立以服务家庭经济为主要职能的新型合作社。目前，越南合作社联盟已经成为一个广泛的、综合性的合作社组织，分为国家级、省（市）级合作社联盟、合作社以及直属机构，在省级联盟下面，设咨询服务中心、教育学院和职业培训学校。

综上所述，由于政治体制、土地制度、资源禀赋等差异，国外的农业发展与合作经济经营模式各有特点。将上述国家农业发展情况进行对比分析见表 3-1。

表 3-1　国外典型农业合作经济发展模式对比

国家	产权是否清晰	农业经营主体	土地制度	经济组织模式	监管方式
俄罗斯	是	家庭农场	私有	①集体农庄，国营农场 ②公司制农业企业 ③农业生产合作社	国家法律体系，不同模式的组织采取不同的监管方式
波兰	是	家庭农场	私有	农业合作社	国家法律监管，组织内部监管
匈牙利	是	家庭农场	私有	①国家控股农场 ②农业股份公司 ③农业生产合作社	国家法律体系，不同模式的组织采取不同的监管方式
保加利亚	是	家庭农场	私有	农工综合体	国家法律监管，组织内部监管
东德	是	家庭农场	私有	①农民家庭企业 ②农业联合体 ③农业股份公司	国家法律体系，不同模式的组织采取不同的监管方式
韩国	是	个体农户	私有	农业协同组合	农村自治组织、民间互助团体和农作班组织共同监管
日本	是	自耕农	私有	农业协同组织	农协内部监管与完善的法律
越南	是	个体农户	国有	①家庭庄园 ②新型合作社（公司制） ③合作社联盟	《越南合作社联盟章程》，县委、政府机关设有集体经济指导处负责监管

第三节　国外农村产权流转改革制度变迁

世界各国在其经济发展进程中都不能绕过农村土地权益的保护问题，只不过各国经济发展方式与土地产权保障制度不同而已。但是，不同国家的农村土地制度变迁是有共性规律可循的，分析国外一些发达国家的农村土地产权制度，可以为我国农村土地产权制度的进一步完善提供有益的经验。

一、法国、德国的农村土地产权法律制度

1. 法国的农村土地产权法律制度

法国是西欧面积最大的国家，也是欧洲第一大农业强国，是世界上农业最发达的国家之一。

第一，法国农村土地占有权的演变。法国农民尤其是小土地所有者，他们长期以来的观念是占有土地，而不是经营土地，他们认为买更多的土地可以带来尊严与安全。但 20 世纪 50 年代以来，占有土地优于经营土地的观念在法国一些农民尤其是在青年农民中开始转变。1972 年，法国一位青年农民表示对买土地持不同意见。他认为，如果我当时非买一百公顷土地耕种的话，那么我就不可能有足够的经营资金。地价是昂贵的，把大量资金投入购买土地而不考虑经营土地所必备的现代农业设备，对现代农民经营理念来说是不可思议的事情。

第二，土地经营权出让，实行农业共同经营。1960 年，法国政府颁布了《农业指导法》，它的指导思想是改革农场结构，发展中等家庭农场。中小规模家庭农场可以自愿结合，结成农业共同组合。

自愿结合并不是一部分农场兼并另一部分农场，而是农场之间进行合伙经营，土地、设备统筹利用，不改变土地的所有权，合伙成员地位平等，政府为每个经营组合提供资金支持。

第三，对离开土地的农民发放终身养老金，扩大农场规模。第二次世界大战后，法国一些农村青年离开乡村涌向城市，造成农村人口大量流失。法国政府于1962年颁布了《农业指导补充法》，规定给予离开农村的农民发放终身养老金，退出的土地主要用于扩大农场规模。另外，法国农村实行退休金制度，用来解决土地集中所带来的一系列社会问题。

2. 德国的农村土地产权法律制度。

第一，德国农村土地产权的改革。由于受英法资产阶级革命的影响，普鲁士改革家哈登贝格与施泰因通过立法，对农村土地产权进行了一系列改革。如施泰因废除了普鲁士等级制度和农奴制度，使农民获得了人身自由，各种土地产权自由流通、农村土地可以自由买卖。土地成了私有财产，进而实现了封建生产关系向资本主义生产关系的过渡。哈登贝格在此基础上，调整了地主与农民的关系，农民也可以获得土地。哈登贝格去除了施泰因变革中保留的农民对地主的劳役与其他负担。哈登贝格与施泰因的农村土地产权改革为在农业中发展资本主义开辟了“普鲁士道路”。

第二，为农村人口流动的合法化提供了法律保障。德国农村土地改革使农业生产者有了土地使用的自主权，农民的生产积极性大大提高，一系列的技术革新使农业生产机械化水平不断提高，农村土地经营者普遍采用了新的耕作技术，放弃了休耕制，实施轮作制。农业人口进一步减少，土地的经济效益与土地利用率大大提高，为以后德国农村富余劳动力的转移打下了良好基础。1807年，普鲁士颁布的《关于土地占有的条件限制和自由使用地产以及农村居民的人身关系》敕令规定：所有国民均享有各种不动产的所有权及买卖权，贵族、市民、农民相互之间可以买卖土地，市民与农民可以自由改变其从事的职业等。另外，普鲁士还颁布了《职业自由法》《迁徙自由法》。这些法律被统一后的德国悉数采纳，为土地规模经营提供了良好的社会环境和法律保障。

二、英国、美国的农村土地产权法律制度

1. 英国的农村土地产权法律制度

第一，英国土地产权的建构。英国土地实行私有制，其法律规定所有的土地归国王所有，国王把土地分给功臣与国民，他们对土地享有土地保有权。土地的保有权有两种方式：一种是以契约或者居住、耕种等使用形式作为基础，如果在他人土地上使用或者居住了 12 年就视为这块土地为使用者保有；还有一种是通过协议确定土地的权利，即土地租用保有权。20 世纪以来，英国政府用立法及补贴等办法来发展自营农场，搞农业规模经营，自营农场成了英国现代农业基本的经营方式。

第二，英国农村土地产权制度的变迁。英国农村土地产权制度经历了农民从拥有不完整的土地权益到拥有完整的土地权益这样一个漫长的变迁过程。一是“圈地运动”。国王是土地的所有者，其他人拥有的是土地的使用权。18 世纪前的“圈地运动”侧重于对私有土地的边界划分问题，土地是粗放利用，以牧羊为主；18 世纪后的“圈地运动”侧重于对小私有土地的兼并问题，土地集约利用，以生产粮食为主。二是农村土地的占有权发生转移。20 世纪以来，英国自营农场数量不断增加，形成了英国主要的农业经营模式。自营农

场的兴起与租田农场的衰退现象进一步证明了农村土地占有权发生了规模化转移，农村土地从地主手里转移到了自营农场主手里，这一变化的主要原因是立法。如1941年颁布的《农业法》规定，农场主如果愿意的话可以终身获得土地的租期。1976年又规定可以延长土地租期至农场主身后的两代人等。三是农村土地流转促进了土地的集中化。继英国“圈地运动”后，政府为促进农村土地流转，使农场经营规模化，在立法、财政补贴等方面不断加以完善。如1967年的《农业法》规定，小农场合并所产生的费用一半由政府提供，如果小农场主自愿放弃经营，政府可以发放2000英镑的补助金，或者给农民终身发放每年不超过275英镑的年薪，政府对农场的播种面积大小及销售数量进行差价补贴等。另外，在市场竞争中，一些中小农场势单力薄、缺少资金，无力和资金充足的大农场竞争，每年都会有一些中小农场破产或是被大农场兼并，大农场将属于不同所有人的土地集中起来，以实现规模经营的目的。

第三，英国农村土地产权的法律保障。英国从资产阶级革命开始建立了资本主义的土地市场。在资产阶级革命前，英国对农村土地保有权者行使土地权利的限制是非常严格的，1285年的《赠与法》、1290年的《土地完全保有权条例》都有限制土地转让的规定，这些法律不利于土地的交易与流转，阻碍了英国经济的发展。因此，英国资产阶级革命后，制定和颁布了一系列法律法规，使农村土地的市场交易合法化，并进一步简化了市场交易程序。值得一提的是，1925年英国颁布了多项法律，如《土地登记法》《土地授予法》《地产管理法》《财产法》《信托法》与《土地负担法》等，这些法律的颁布促进了土地产权交易，充分保障了农民的土地权益。

2. 美国的农村土地产权法律制度

美国是市场经济发达的国家，其农业也是当今世界上最具代表性的现代农业，农村土地产权制度也较为完善。

第一，美国土地产权制度概述。一是土地所有权制度。土地私有是美国最为典型的土地制度。美国的土地分为国有土地与私有土地。国有土地主要是矿山、森林、草地、湿地等非耕地。私有土地大约占联邦政府土地的58%，主要分布在东部与中部地带，平原地区肥沃的农田基本上为私有土地。联邦政府土地占32%，州政府与地方政府土地占联邦政府土地的10%。随着现代农业的不断发展，美国国有土地的比重呈下降趋势，私有土地的比重呈上升趋势。美国农村土地主要被家庭农场占有，家庭农场在美国现代农业发展进程中发挥着重要的作用。二是土地使用权制度。美国的国有土地主要是以租田的方式由农户或者农场主经营，国有土地所有权归国家，使用权、经营权等主要归农场主支配，私有土地主要以自主自营的方式经营。

第二，美国农村土地产权法律制度的变迁。自美国独立至20世纪早期：明晰土地产权，建立家庭农场。独立后的美国于1785年颁布了第一个土地法令，将国有土地廉价出售给私人。1862年以前的美国政府主要以拍卖的形式向私人出售土地，有能力买地的只是少数的商人及银行家，土地投机现象严重，对国家经济发展极为不利。从1850年起，美国社会中就有将农村土地免费提供给农民的要求。美国初期的农村土地制度经历了由国有到私有的变迁过程，家庭农场的建立为美国农业经营制度打下了良好的基础。20世纪30年代，加强对农村土地资源及农村土地质量的保护。20世纪30年代是美国土地管理利用的转折期，美国政府对农村土地资源管理利用的重点由单独的农村土地产权国有配置向农村土地资源土壤保护转变。1936年颁布的《土壤保护和国内配额法》鼓励农民种植增强地力的豆类及牧草等农作物，保护国家的土壤、森林、湿地、水源等。20世纪50年代至今，农村土地使用权的转让力度加大，农村土地经营方式呈多样化趋势。进入20世纪50年代后，美国经济步入了快速发展的轨道，其农村土地制度也发生了重大变化，表现在以租赁形式为主的土地使用权转让力度明显加大，农村土地经营方式多元化。一是土地允许买卖与出租。农村土地产权的交易采取市场交易形式，国家、联邦、州与私人在土地市场交易中都是平等的经济主体，对拥有的土地可以自愿买卖。二是农场的经营方式多样化。美国农场经营有合伙农场、家庭农场、公司农场等，家庭农场在农业生产经营中占主导地位。如1987年家庭农场的数量占农场总量的87%，其他农场占13%。三是农村土地规模逐年增加。20世纪50年代以来，虽然农场数量每年有减少的趋势，但农场的规模逐年呈现不断扩大的态势。

第三，美国农村土地产权制度保障。一是土地产权市场机制健全。美国农村土地产权配置以家庭农场作为边界，农村土地产权归属明晰，产权交易市场化。农村土地市场有专门的土地产权交易地点，土地供需双方在交易场所即可完成交易。买卖与出租是土地交易的主要方式。机制健全的土地市场为农村土地资源效率的提高及经济发展打下了坚实基础。二是完善的中介机构。土地产权交易离不开中介服务，土地信托是土地交易的一种主要方式。美国联邦政府设有土地银行，民间设有农业合作社或者中介公司等。农场主可以通过土地银行或者委托农业合作社及有资质的中介完成土地交易。三是农民有自己的组织。农场局是农民自己的维权组织，在美国建立了一个完善的网络体系，此网络覆盖联邦、州、县政府，连接美国340多万个农场。农场局根据农场主的利益需求，确定其政策方向，利用自身强大的会员优势及政治影响力，维护农民的合法权益。

三、早期的传统合作社

合作社的发展历史久远，但直到19世纪初期，合作社理论才通过空想社会主义者欧文、傅立叶及其追随者的宣传获得广泛传播，合作社实践也因此得到了发展。1844年，由28个纺织工人在英国罗虚戴尔集资成立的“公平先锋社”具有划时代的意义。它在一些当时的合作主义者的帮助下，总结了前人组织合作社的经验，制定了一系列合作社原则，从而成为世界公认的第一个现代合作社。此后，合作社大量涌现。

成立各种各样的合作社有利于加强社员之间的合作，集中资金和生产优势，扩大经营规模，增强对市场的影响能力，降低生产成本；通过供销合作，减少中间商人的剥削等。但是，随着高度发达的资本主义市场经济发展，传统合作社渐渐暴露出诸如社员“搭便车”、合作社资金不足、管理落后、效益增长缓慢等问题，与现代市场经济之间的矛盾日益增大。传统合作社的突破势在必行。

四、“二战”后的现代合作社

传统合作社已无法适应现代市场竞争，生产经营能力下降，市场份额减少，传统合作社面临着危机。因此，一些发达国家的合作社开始进行改革，寻求新的合作社发展方式，有的舍弃了合作社的基本理念，改制成了股份公司，更多的合作社则在遵守国际公认的合作社基本原则前提下，不断突破原先的合作社框架，引入股份制公司的做法，开始发行股票募集合作社资金。因此，第二次世界大战以后，西方各国的许多传统合作社逐渐改制成股份合作社，兼具合作制与股份制的特点。民主投票上按照一人一票，体现了合作制的原则；在收益分配上，按照股票份额进行分配，体现了股份制特点。这种股份合作社已经成为西方国家的主要合作社模式。

1. 以美国为代表的股份合作社模式

为解决合作社资金缺乏问题，合作社鼓励社员尽可能多地向合作社投资，增加合作社资本。同时，在分配收益时，只向社员发放一半现金，另一半则作为实际投资进入合作社账户，以有价证券的形式发放，作为下次收益分配的依据。通过这种方式，合作社能够筹集到越来越多的资金，缓解了资金缺乏的问题。但社员能够投入的资金毕竟有限，随着经营规模的不断扩大，社员投入的资本远不能满足合作社发展的需要，只能向银行大量贷款。但向银行贷款成本高昂，为降低向银行借贷的成本，合作社改变以往的集资方式，采用了股份公司发行股票的集资方式，发行普通股票和优先股票。这种合作制与股份制相结合的合作社在美国被称为“股份合作社”。在美国的农场主合作社中，大约有80%的合作社是“股份合作社”。

美国新一代合作社案例

Schaars（1951）归纳了6条成功合作社的经验，这6条经验被认为是合作社成功的实践经验总结，它们是：①成员应该提供和惠顾额相等的股金；②合作社和社员的所有交易应以市场价格为基础；③合作社应该致力于运营效率的增加；④合作社应通过垂直和水平整合得以增长；⑤企业应控制和拥有自己的营销设施；⑥企业应在政治、宗教和种族下保持中立。从Schaars提供的6条经验来说，其提供了合作社在提升效率方面应做的努力蓝图。国外的合作社正通过各种机制创新实现效率的改善，其中美国和加拿大在20世纪90年代兴起的“新一代合作社”的运营特点和上述提到的几条经验非常契合，进一步验证了 Schaars 的理论。新一代合作社保留了传统的一人一票、基于惠顾返还的特点，但是和传统的合作社相比，在产权制度上又形成了一些新的特征，使它呈现出较强的生命力。

新一代合作社产生于美国北部的北达科他州和明尼苏达州，它的产生是有其特殊背景的。20 世纪 80 年代，美国遭受了较为严重的经济衰退，这也波及了农业领域，农业合作社的市场份额迅速下降。由于合作社不能在经济衰退中给予农户必要的支持，生产者成员开始质疑合作社的能力。同时，传统合作社结构存在的一些问题如组织成本较高、决策较慢、股金赎回太慢、组织低效率问题，被生产者称为“合作社包袱（cooperative baggage）”。这些问题的出现是由传统合作社产权问题不清而引起的。为解决传统合作社的产权制度所带来的低效率问题，就必须建立产权明晰的组织形式。根据 M. L. Cook 和 C. I. Liopoulos（1982）的经验总结，一个高效率的组织形式应该具有以下特点：①股份是可转移的；②股份是可升值的；③限定的成员资格；④有法律约束的契约或者统一的生产者合同；⑤有最小的从事加工增值活动的资金需求。这些特点和美国新一代合作社所呈现的特点是一致的。因此，美国新一代合作社所引起的机制创新被认为是有效率的。Cook 和 Tong（1997）在 1996—1997 年对美国中西部的农业相关合作社 1988—1996 年的情况做了调查。调查结果显示，80%的合作社采用了新一代合作社形式。通过惠顾权与投资权相联系的形式，96%的合作社减少了“搭便车”行为；由于股票可转移，94%的合作社允许成员调整风险组合以满足他们各自的风险偏好，从而减少了投资组合问题；93.6%的合作社允许成员退出合作社时获得股票增值。新一代合作社如此成功，形成了一股合作社热（cooperative fever），涉及许多产业领域，并迅速在全国范围内推广。

2. 西班牙蒙德拉贡模式

西班牙蒙德拉贡合作联合公司最大的特色是实行“内部资本账户制度”，合理地运用股份制的收益分配机制，初次分配和再分配相结合，初次分配体现为按劳分配，再分配则体现为按资分配特征。内部资本账户制度是将股本记入个人资本账户，不分红，只计息。初次分配是将纯利润的50%~70%按劳动贡献大小记入个人账户形成职工个人拥有的资本，作为二次分配的依据，剩余20%作为公积金，10%留作社区福利和教育基金。再分配是每年按个人账户的资本额给予利息收入，是职工以现金收入的形式实现个人账户的资本权利。初次分配仅分配资本有利于截留社员收益，防止社员任意退出，保障合作社资金规模。通过设置内部资本账户，管理社员股金和收益分配，一方面使合作社能够长期拥有充足的资金，保障合作社的长期存续和发展；另一方面也通过二次分配使社员获得投资回报，享受到合作社资金产生的收益。

蒙德拉贡的主要做法

第一，建立合作银行——人民劳动银行（Caja Laboral Popular，CLP）。CLP 的地位属于二级合作社，为所有成员社共同拥有；CLP 的业务是吸收成员社的所有存款以及居民储蓄，向成员社发放贷款，解决成员社资金困难问题；为组建合作社者提供技术、管理、咨询，帮助其建立专业合作社，并对各成员社履行合作的原则和财务状况进行监督。

第二，内部个人资本账户。该账户主要用于管理社员股金和收益分配。社员缴纳股金和入社费入社，股金最高不超过全社总股金的 20%，最低不低于当地工人一年的最低工资。20 世纪 50 年代人均每股1000美元，20世纪90年代达到每股1万美元。股本记入个人资本账户，不分红，只计息，股息高于当地银行基准利率的2%~3%；社员分配的比例规定为税后利润的70%返还社员，20%为公积金（后备金），10%留作社会基金（社区福利和教育），但是社员所得的利润返还同样不支付到人，而是记入个人资本账户；对个人资本账户按通胀率调整为现值，保证社员的利益不贬值，但这些不贬值的收益也只有在社员退休、死亡后才能兑现。社员每年能得到的收益只有在税前列支以现金支付的股息。所以个人资本账户的做法，已经被概括为截流社员收益。

第三，形成合作文化。该社有4个公认的价值观，就是劳动神圣、积极参与、社员平等和社际团结；形成了5个主要目标：创造就业岗位、就业保障、人的发展、自主与自治以及经济进步。

3. 以色列莫沙夫模式

在以色列，莫沙夫是最常见的农业社区模式，其既是农业生产组织，又是生活社区。莫沙夫以村落为范围，以土地国有家庭经营、合作互助、集体销售为基本特征的社会组织形态。目前，莫沙夫生产的粮食占以色列粮食总产量的一半以上。莫沙夫模式在国际上得到了广泛的关注。由于莫沙夫同样是以土地国有制为基础，在土地国家所有的前提下，农户自主经营，发展合作社经济。这对我国有极大的借鉴意义。我国以农村土地集体所有为基础，在坚持集体所有制的前提下，发展农村，促进农业生产的发展。

莫沙夫以土地国有为前提，家庭为单位经营，实行供销合作。在日常生产、生活中坚持合作互助原则。主要有以下基本特征：一是土地国有。以色列土地资源匮乏，土地统一由国家所有，国家将土地分给每个家庭耕种，所有土地不允许私人买卖。二是家庭经营。

以家庭作为生产和生活的基本单位，所有家庭成员一起参与农业生产劳动，在自己的农场里进行专业化生产，根据市场供求，自主决定生产内容。三是合作互助。莫沙夫成员以互相帮助、服从集体利益为其必须遵循的原则。通过集体活动增强社员之间的感情，加强社员之间的联系，促进社员之间的互相合作。四是集体供销。这是莫沙夫合作性的主要表现。莫沙夫是生产合作社和消费合作社的统一。生产合作社体现在，农业生产的生产资料购买和农产品的销售均由莫沙夫统一负责，再与农户单独结算；另外，农户所需的日常生活用品和食物也由莫沙夫从以色列中央批发组织统一购进，然后再卖给农户。

莫沙夫是农业生产合作社和行政村两者合一。因此，莫沙夫既管理合作社生产经营事务，也负责社区的社会公共事务，如健康、教育、文化等。合作社的经营管理，通过召开社员大会进行。社员大会负责讨论莫沙夫生产经营等事务并选举代表大会、委员会。代表大会是莫沙夫的执行机构，处理经济和政治事务。委员会是各专门机构，负责处理农业生产、教育、医疗等社区公共事务。所有莫沙夫成员均有权参加代表大会和委员会的选举。

以色列农业合作组织案例——莫沙夫

（1）莫沙夫基本特征

土地国有。以色列的土地全部属于国家所有，国家将土地分给莫沙夫中的每个家庭，所有土地不允许买卖。莫沙夫从国家土地管理机构租赁土地，49 年为一期，到期自动续延。每个莫沙夫的租赁期限相同，但有权转给某个子莫沙夫。莫沙夫将面积和土质相似的土地划分出来，租给每个成员，成员自愿加入，但须缴纳股金。

家庭经营。家庭是莫沙夫生活的基本单位，以色列的农民在自己的农场里以专业化生产为主，如奶牛、家禽饲养，粮食、大棚蔬菜和花卉种植等。虽然每个莫沙夫社员在自己的土地上种什么由自己决定，但他要与依照现行市场供需关系制订的全国性指导计划相衔接，在这一框架下每个家庭从自身的实际条件出发选择各种种植和养殖计划。

合作互助。莫沙夫的主导思想之一为相互支持，相互负责。莫沙夫成员以互相帮助、服从集体利益为其必须遵循的原则。不同年龄层次的人之间相互合作，构成了莫沙夫社会自身合作理念和相互支持的特征。在莫沙夫，集体大会、报告、节目活动把成员联系在一起。莫沙夫生活方式的特点在于一种“社区精神”，成员在自己家庭中保持其“个性”的同时，要对集体的财富负责；当面临战争、疾病、死亡、灾难时，家庭总能得到集体的帮助，“互相帮助”这一精神时时处处体现出来。

集体供销。莫沙夫作为合作性经济组织，其合作性主要表现在与市场相联系的供销活动上。莫沙夫既是生产合作社，又是消费合作社，一方面，农业生产的产前购买和产后销售由莫沙夫统一负责，与农户单独结算；另一方面，农户所需的食品杂货以及服装也由莫沙夫从以色列中央批发组织统一购进，然后再通过莫沙夫商店卖给农户。此外，医疗保健、教育和文化等服务活动等也是采用合作方式由莫沙夫统一提供的。

管理民主。莫沙夫既是农业生产合作社，又是行政村。其最高机构是社员大会，通常每 6~8 周开会一次。每年的社员大会负责讨论莫沙夫事务并选举代表大会。代表大会是莫沙夫的执行机构，处理经济事务及政务。社员大会还选举委员会，由委员会处理农耕、健康、教育、文化、吸收新成员等事务。所有莫沙夫成员均有权参加代表大会和委员会的选举。会员在代表大会和委员会任职全凭自愿。

（2）莫沙夫拥有强有力的国家支持系统

在以色列，各种政治的、法律的和经济的组织结构非常完善，共同支撑着莫沙夫组织的发展。

一是政治支持系统。主要是组建莫沙夫和基布兹的全国性运动，为农业合作组织提供意识形态、理念、文化和组织化支持。

二是法律支持系统。以色列早在 1933 年就颁布了第一部合作组织法案，为农业合作组织奠定了法律基础，1958 年又颁布了有关农村合作组织施政地位的法律。

三是经济支持体系，包括各种制度以及在国家合作运动中建立基金、保险等，其中一项是针对自然灾害的保险基金，共同属于政府和农民，用以对自然灾害引起的农业损失进行补偿。另外，农业和商业银行通过信用、贷款和补助等方式提供农民发展生产所需的资金支持。国家公司还承担诸如国外市场价格下跌导致的出口风险等。

四是农业技术支持结构——国家技术推广服务。主要由政府农业部和私营农资经营公司提供，并由农业部内的农业技术委员会负责协调科研、推广和各项技术活动，联合和组织各类农业合作社开展技术创新、试验、示范和推广应用，形成技术服务网络和农民合作组织体系间的协作机制。

4. 德国体系化农民专业合作社模式

德国已形成多层级、网络型、分权式的合作社联盟体系，自下而上形成三级组织结构：基层合作社；区域性合作社联盟，区域性专业协会；全国性合作社联盟，全国性行业协会。社员在自愿、民主的基础上组织基层合作社，各基层合作社以区域为单位，在一定区域内组建区域性合作社联盟，各区域性合作社联盟再组建全国性的合作社组织。这种做法与我国社区经济合作社和乡镇经济联合社的做法类似。我国以社区为单位，以社区集体资产为基础，建立社区经济合作社。在乡镇一级，以乡镇集体资产为基础，建立乡镇经济联合社。但与德国不同的是，我国的社区经济合作社并不一定需要加入乡镇经济合作社，社区经济合作社一般独立经营，对社区社员进行分红。德国还规定每个合作社成立前须经当地合作社审计协会审计通过，成立后必须加入当地的合作社审计协会，并接受定期审计。

《德国经营及经济合作社法》明确规定合作社具有法人地位，并对合作社的法人地位、责任承担、组织方式、法定审计等诸多问题都做出了详尽的规定。其具体为：①合作社适用商法典。②合作社承担有限责任，以合作社资产为限向债权人承担债务。③合作社实行民主管理，社员表决一人一票。合作社通过董事会、监事会和社员大会进行日常经营事务管理。

德国农业合作社案例

（1）德国农业合作社发展概况

19 世纪中叶至 19 世纪末，德国合作社的初始发展阶段。19 世纪中叶，在德国迈向农业资本主义的普鲁士农业改革中，为应付不断出现的粮食危机开始了合作社运动。这期间，莱弗森合作社以农村为中心发展起来，首先是解决农民的信贷问题，同时兼营销售、购买和其他服务业务。当时，著名的合作社先驱除了莱弗森，还有德里奇、哈斯等人。

19 世纪末—1930 年，德国合作社的普遍发展阶段。此阶段，农业销售合作社逐渐发展起来，其任务是在较大领域中从事销售业务，并由此使农产品稳定且得到好售价。当时，农业合作社销售机构的建立也得到了普鲁士政府和其他德意志国家的重视以及财政支持。1930年建立了“德国莱弗森农业合作社联盟”，是当时世界上最大的合作社联盟。

1930年至1949年，德国合作社的“二战”期间及“战后”恢复阶段。在希特勒统治时期及随后爆发的第二次世界大战中，德国合作社受到了灾难性破坏。“二战”结束后，西德按照战前模式、东德按照苏联模式，使合作社逐步得到恢复，并在农产品加工和流通领域以及信贷、服务等多个领域得到发展。1948年11月西德地区成立了“德国莱弗森合作社联盟”。

1949年至今，德国合作社的现代发展阶段。此阶段，随着社会经济的发展，德国合作社进行了一系列既符合国内情况又适应时代趋势的实践和调整。1949年，德国莱弗森合作社联盟获得了合作社的审计权，并且建构了多层级、分权式的合作社联盟结构。1971年12月，成立了“德国莱弗森合作社国家联盟”（简称“DORV”），是德国信贷合作社、农业合作社和手工业合作社的最高机构。1990年东西德统一后，无论东德地区还是西德地区的合作社，都面对市场经济形势进行了必要的调整和改革。

（2）德国农业合作社发展主要特征

一是有明确的法律基础。自1967年德国制定第一部合作社法以来，德国合作社（包括农业合作社）就一直在明确的法律基础上发生、发展、变化和调整。德国合作社法作为与公司法同等重要的主体法，是法律体系中一项不可或缺的基本法，具有综合性、不分行业地规范和调整各种不同类型合作社组织经济行为的特点。

最新的《德国经营及经济合作社法》对合作社的法人地位、法律责任、社员出资、组织治理、盈余分配、法定审计、解散清算诸多问题做出了详尽的规定。其主要内容为：①合作社是成员数量不限，以增进成员的收益和经营为目的，并通过共同的业务活动来实现这一目的的团体。②合作社适用商法典。③合作社以合作社资产向债权人承担债务。④社员数量至少 3 人。⑤社员加入合作社要有一次性投入，具体金额及其使用、分配办法由章程规定。⑥合作社实行民主管理，实行董事会、监事会和社员大会分权制。社员一人一票。章程可为对合作社经营做出特殊贡献的社员设置多票权，但最多三票。⑦年度盈利应向社员分配。通常按社员股金比例分配，也可由章程规定采取其他分配方式。⑧合作社成立前须经当地合作社审计协会审计通过，成立后必须加入所在地区的合作社审计协会，并接受定期审计等。

二是健全的农村金融。德国合作社的主要起源之一就是信贷合作社。其后，在德国合作社特别是农业合作社发展过程中，合作金融发挥了至关重要的作用。今天，德国的合作金融组织已经形成遍布城乡的合作金融组织网络和健全的合作金融管理体制。

就成员数（约 1600 万）和客户数（约 3000 万）而言，莱弗森合作银行（简称 BVR）和 1255 家合作银行、2 家合作社中心银行以及 13765 家分支机构，构成德国合作社运动中规模最大的银行网络。作为一个银行体系，它们既向成员也向一般客户提供高水平、全方位的银行服务。

100 多年以来，尽管德国的经济体制和银行体制发生了巨大变化，但合作银行仍然坚持合作制的组织结构和为社员服务的宗旨。合作银行的股东也就是合作银行的主要客户，合作银行的业务紧紧围绕客户需要来开展，中央合作银行把推动合作体系的健康发展作为自己的主要任务。不过，事实上，一方面，目前德国合作银行在金融业务上与其他商业银行并无多少区别，在政策上也已无优惠，对股东服务与其他客户更无明显差异。另一方面，德国合作银行依然具有一些隐约的合作制特点：其一，合作银行体系保持相互独立又联合发展的格局。各级合作银行都是自主经营、自我管理的独立法人，不存在行政隶属关系；同时，各级合作银行又通过自下而上的持股和自上而下的服务实现了经济上的联合，形成了强大的合作银行体系，发挥了整体优势。其二，由于合作银行的网点特别是基层性合作银行和那些兼营商品供销的信贷合作社比其他商业银行更接近农村和农民，因此，更能为农民（多为基层性合作银行或那些兼营商品供销的信贷合作社的股东）服务。

三是严格的审计制度。合作社法定审计制度是德国合作社运动及其实践中一个富有特点的做法。与大多数国家对合作社相对宽松的规制和监管不同，德国在合作社法中明确规定了对合作社进行法定审计的制度。第一，合作社在成立前应经过当地合作社审计协会的审计和鉴定。第二，合作社应加入当地审计协会，定期接受该协会的审计。审计内容是全方位的，不仅包括合作社的日常业务往来、资产状况，还包括董事会的管理方式和经济效益。每个合作社至少两年审计一次，资产超过 200 万欧元的合作社必须每年审计。第三，合作社应准许审计人查阅合作社账目和文件，核查现金、有价证券及商品存量，应向审计人提供审计所必需的全部材料和证明。第四，审计协会应书面报告审计结果。合作社理事会和监事会应立即召开联席会议，审议审计报告。审计协会和审计人有权出席会议。审计结果应向全体社员大会报告。监事会应在全体社员大会上宣布重要的审计结论，或发表对审计结论的不同意见。第五，审计协会对合作社的审计是有偿审计等。

实践证明，德国对合作社严格的法定审计制度，既可支持缺乏经验的合作社领导的工作，也可对合作社内部管理进行有效监督和制约。

四是有机的联盟结构。经过长期的发展、调整和整合，目前德国已形成多层级、网络型、分权式的合作社联盟体系。依据经营范围来划分，德国合作社大致可分为信贷、农业、工商业、消费和住房合作社五大类。合作社自下而上分为三级组织结构：基层合作社；区域性合作社联盟，区域性专业协会；全国性合作社联盟，全国性行业协会。一般情况是，社员在自愿、民主的基础上组织基层合作社，各基层合作社按区域组建区域性合作社联盟，各区域性合作社联盟再组建全国性的合作社组织。在区域性合作社联盟一级，还有各专业的合作社组织，它们也是由基层合作社组成的，既是同级区域性合作社联盟的成员，也是全国性专业合作社组织的成员。

除为数不多的兼营商品供销信贷合作社之外，德国的基层合作社基本上都是专业性的。社员可同时加入几个合作社，同时各个合作社之间也有竞争，从而保证为社员提供更多更好的服务。

合作社联盟则是多元化、综合性的。联盟自身不从事具体的业务经营活动，而是扎扎实实地为基层社办实事。合作社联盟的主要职能有五方面：一是对合作社进行法定审计，分析合作社的经济和财务状况，提出改进建议。二是向合作社提供市场信息和咨询服务，解决经济纠纷，处理法律事务。三是对合作社领导人及其成员进行培训，提高其决策水平和经营能力。四是为合作社提供低息贷款担保，或者为银行对合作社进行信用评级。五是代表合作社向政府游说，表明利益诉求，争取优惠政策。各级合作社联盟和专业性协会的经费既来源于合作社上交的会费，也来源于联盟的服务收费和一些经营获利。

在全国一级，代表信贷合作社的德国莱费森合作银行联盟（BVR）、代表农业合作社的德国莱费森农业合作社联盟（DRV）、代表工商业合作社的工商业合作社联盟中央联合会（ZGV）、代表消费合作社的德国消费合作社联盟（BdK）以及代表住房合作社的住房合作社经营总会（GdW），进一步联合组成德国莱弗森合作社国家联盟（DGRV），成为一支重要的社会经济力量。在这五类合作社中，信贷、农业和工商业合作社发展较好，与农业的关系较为密切。

五是普遍的企业运作。经典合作社理论认为，合作社是同时兼有企业和共同体两种性质的特殊经济组织，不以营利为目的。但是，与世界各国合作社发展现状相似，德国合作社（当然包括农业合作社）的情况也越来越不同于经典理论。

虽然根据德国合作社法，合作社是不以营利为目的的组织，即“服务于增进合作社成员的收益或经营，或者服务于合作社的公益意向”。然而，近些年来，随着社会经济的发展和市场竞争的加剧，德国合作社迫于市场竞争压力，越来越呈现规模化组织、专业化经营、企业化运作的趋势，换言之，德国农业合作社出现了向营利企业转化的显著趋势。主要表现为：①合作社旨趣由社员需求导向向市场需求导向转变。譬如，那些具有鲜明社员需求导向的兼营商品供销信贷合作社逐渐减少，已不到农业合作社总数的 10%。②社员异质性日益增强，导致合作社及其社员越来越倾向于股份化持股、差别化投票以及按股分配，在传统合作基础上引入灵活的资本联合形式。③合作社通过联合与合并，进行规模化整合，扩大经营规模，提高市场竞争力。近些年，德国合作社数量不断减少，单个合作社规模明显扩大。1950 年联邦德国有 23842 家农业合作社，到 1998 年有 4221 家，到 2006 年底有 3188 家。④随着合作社经营规模及业务量的不断扩大、非社员业务的增加以及向新的经营领域的拓展，合作社聘请专职管理人员也就不可避免，合作社民主管理逐渐被专家管理所代替，全体社员大会逐渐为代表大会所代替。⑤出于市场竞争的需要，合作社的非社员业务不断增长，社员与合作社的关系日渐疏远。⑥在德国，由非营利的合作社转化为以营利为目标的股份公司早已不是个别现象，而且，这种情况目前在农业合作社中也有出现。

六是适度的政府支持。尽管德国的合作社与政府并没有直接的行政关系，也不依赖政府，表现出较强的独立性。然而，长期以来，政府通过立法和提供一些优惠政策，保障合作社的合法权益，促进合作社的健康发展。

德国基本法明确规定“促进合作制”“支持合作自助”，并把这种促进和支持作为“优先目标”。德国政府为支持农业合作社的发展，对合作社用税后利润进行投资的部分免征所得税。农业企业、合作社还可获得免交营业税、机动车辆税的待遇。为农业企业提供咨询、农机出租等服务的合作社免交法人税等。

德国政府鼓励农民走联合发展之路，并为农业合作社提供财政支持。德国政府规定，新成立的农业合作社 5 年内可享受创业资助，包括人工费用办公设备和咨询费，最初资助比例为 60%，然后逐年减少；7 年内可享受投资资助，如对采购、加工、销售、仓储、包装等的经营性投资，资助额最高为投资总额的 35%但不超过其销售收入的 3%。另外，德国政府还对农业企业实施特殊性的信贷管理政策，支持信贷合作社的发展，向农民提供低息贷款。从 1954 年开始，德国联邦政府对农村信贷实行利息补贴。

东西德统一后，政府对原东德地区农业合作社的重组给予了一定的财政支持，帮助它们在市场经济条件下重新运转，并按欧盟的规定进行生产。财政补贴范围较广，主要包括中小型企业的增资扫股、内陆水域治理、互助组织、牛奶加工作坊、土地归整、促进新企业的诞生、农民培育等。其方式包括限制农村贷款特别是农村种养企业贷款的最高利率上限、降低贷款利息率、由政府政策性金融机构直接安排低息贷款。

5. 日本农协农民合作社变革

（1）精简机构和人员

精简主要包括对农协数量的削减和对工作人员的精简两方面。到 20 世纪 80 年代，农协已经将原来的 10000 多个综合农协合并为 3000 多个，90 年代进一步减少为 1500 多个，2003 年进一步合并为 535 个。通过减少农协的工作人员，不仅减轻了运作成本，还增加了竞争力和效率。

（2）市场运作

市场化的做法包括扩展非生产领域的服务、积极主动地充当产加销一体化的龙头企业、通过吸纳准会员等方式扩张资本等。

据农林渔业省（现在的农林水产省）的《农协统计》，1985 年较之 1955 年在农协总利润构成中，信用事业、保险事业分别由 23%、1%增长到 43%、17%，而贩卖事业、仓储事业、加工和设施利用事业等与生产密切相关的环节则由 16%、12%、10%剧降为 1%、7%、1%。

日本农协积极扮演产加销一体化中龙头企业的角色，不仅提供产前、产后和产中的一系列服务，还直接与批发和零售商签订合同，“直销”农产品；更直接利用自己举办的零售和批发企业，如超市等销售网络，直接将产品一步到位地送到消费者手中。“农协”牌牛奶、大米、蔬菜等，都由农协统一注册商标、统一生产加工，然后利用农协的销售渠道统一进行直面消费者的销售，既实现了农协会员的利益，也使消费者受惠不小，因为质优价廉深受欢迎。

日本农协还主动吸纳非农会员，称为准会员。与原来的会员都是农民不同，准会员都是在日本社会备受优待的会社社员（公司职员）或者会社本身，因为农民的减少，他们在日本又是消费者的主体，所以吸纳准会员就是一个农协市场扩张的举措。目前，准会员占到了会员的 1/3。准会员和会员都要出资（股金），只是权力不同。到 1995 年，会员出资的农协已经占到 2/3。而农民会员出资的做法在 20 世纪 80 年代就开始了。

（3）土地规模经营

由于法律规定土地不能出租，土地规模经营一直是一个难题。但最近，“合理化土地利用”的趋势已经悄然出现。这实际上是在农村城市化背景下，面对经营规模依然较小、生产结构依然滞后（如水稻生产过剩）条件下的一种必然选择。农协的具体做法是，一方面利用自己的进言渠道，推动土地出租；另一方面通过组建农业生产联合体，在法律框架内实施规模经营。1998 年，这样的联合体已经有 36000 多个，涉及水稻及粮食、蔬菜、畜牧、园艺（林果）等领域。

第四节　国外农村产权流转对我国的启示

一、坚持农村土地集体所有制，按劳分配为主

集体所有制是我国的所有制形式之一。我国《物权法》第 58 条规定，“集体所有的不动产和动产包括：法律规定属于集体所有的土

地和森林、山岭、草原、荒地、滩涂”。我国对于除国家所有外的土地，法律规定为集体所有。集体所有制是农村在改革过程中必须坚持的基本原则，必须坚持农村土地集体所有制，不对集体土地进行私有化分配。以色列莫沙夫模式在土地国有的前提下，同时又发展合作社，表明在坚持不进行土地私有化分配的前提下，也能够发展农村经济。我国在进行农村集体经济组织产权制度改革时，也必须坚持土地集体所有，不将集体资产私有化，不通过产权改革将集体资产变相分化。

同时，为了保持公有制的特征，应当坚持按劳分配。蒙德拉贡模式中第一次将集体收益进行按劳分配值得借鉴。我国目前的将集体的非经营性资产，以农龄为基础进行分配，也体现了按劳分配的特点。在今后的改革中，仍然应当坚持以按劳分配为基础。坚持按劳分配，既体现了我国按劳分配为主的基本经济制度，同时也能够让农民享有集体资产创造的收益。

二、明确法人地位确立“三会”模式

目前，我国对产权改革后形成的社区经济合作社尚没有任何一部法律对其法律地位进行规定。各省在改革过程中，出台了地方性法规和政策将改革后的社区经济合作社规定为法人，如浙江、江苏。但是根据我国《立法法》第 8 条规定，民事基本制度只能制定法律。对于社区经济合作社的法律地位，是对民事活动主体的认定。民事主体的认定属于民事基本制度，只能由全国人民代表大会及其常务委员会制定法律，地方省市无权对此进行规定。我国在制定农村经济合作社相关法律制度时，应当通过法律规定社区经济合作社获得法人地位。

同时，在合作社的治理模式上，应当规定社区经济合作社坚持民主管理，由社员参与经济合作社生产经营管理，社员投票一人一票。合作社实行社员代表大会、理事会和监事会的“三会”制度。对于国外农民专业合作社的管理模式，多规定具有法人地位，实行民主管理，并且设立社员大会、董事会、监事会的模式。社员大会是最高权力机构。我国在进行农村集体经济组织产权制度改革的同时，立法方面要适应农村产权制度改革的发展，规定合作社的法人地位，加强对设立“三会”模式的指导。

三、建立严格的监督制度

为配合农村产权改革，还应当建立起严格的监督机制。如德国规定每个农民专业合作社必须加入当地的审计机构，由审计机构对其进行审计，能够防止董事会缺乏监督，破坏合作社的正常经营。目前，我国的农村集体经济组织，虽然也同样建立了“三会”，但通常对董事会缺乏必要的监督，董事会为了自身利益，可能会侵害集体的利益。在实践中，尽管有农村经营管理站对集体经济组织进行指导，但是在农村经营管理站管辖范围内，有大量的社区经济合作社需要指导，农村经营管理社可能无法对全部合作社进行有效指导。我国可以借鉴国外引入严格的审计制度，对董事会进行社会监督，保障社员的合法权益。

四、拓宽融资渠道，国家提供金融支持

国外的农村经济组织多以农民专业合作社的形式存在，且国家在金融信贷、管理、审计和政策等多方面都为农民专业合作社的发展提供了很好的社会环境。同时，为了适应市场竞争，降低社会成

本，农民专业合作社也不断突破封闭性，进行股权或其他方式的融资，使目前的农民专业合作社朝着股份合作社的方向发展。这一点在我国有较大的借鉴意义。改制后的农村集体经济组织不同于负责农业生产的农民专业合作社，但是社区经济合作社同样面临规模小、资金少的难题，一方面是由于社员资金有限；另一方面是由于金融信贷支持的缺乏。因此，我国可以通过完善金融服务和税收政策，国家提供广泛的金融信贷支持，为农村集体经济组织的发展提供资金支持，扩大农村集体经济组织的规模，提高生产经营能力。

五、进一步明晰产权

产权明晰应是我国农村土地“三权分置”改革的基础。纵观一些发达国家农村土地产权制度的历史变迁，产权明晰意味着产权的稳定，农业生产的特性决定了稳定又明晰的产权是进行有效激励的基础。实践证明，明晰的农村土地产权是减少纠纷、保护农民权益的有效路径，也应是我国农村土地“三权分置”改革的基础。

六、完善农村产权市场机制

完善的市场机制是实现农民权益最大化的有效途径。市场经济中，市场机制的完善不但能够提高土地资源利用效率，而且能增加产权交易的收益，这种共识已成为经济学的基础理论。例如，美国有完善的农地市场体系，通过买卖与租赁交易，优化配置农村土地资源，保障了农村土地的流转，使土地能够在更大范围内进行资源高效配置，实现了农地资源效益最优化，最大限度地实现了农民的土地权益。我国农村土地“三权分置”改革要不断提高交易效益，增加农民的财产性收入。

七、农村土地资源配置主要是家庭农场经营模式

家庭农场经营模式的优越性在于其农业生产规模可大可小，根据国情可以进行大规模的现代化经营，也可以根据条件小规模经营，还可以适度规模经营。规模化经营可以减少内部成本，实现效率最大化。同时，在农业生产过程中，家庭经营模式不应固化，片面追求大规模的土地经营，而应根据国情对土地经营模式进行完善与创新，走适合国情的多样化的土地经营模式。因此，家庭农场、农业合作化、农业公司及股份制农业的多样化的经营方式及农业生产由小规模粗放的家庭经营，到现在的适度规模家庭经营，再到专业化或者综合性的现代的大规模家庭经营是中国特色的土地经营之路。

八、健全的法律是保障农村土地产权的根本所在

法律体系健全是英美等发达国家农村土地权益保护中最重要的特征。例如，美国的土地法律较为完备，制定了一系列有关土地产权保护的法律，如《土地法》《联邦土地政策管理法》《先买权法》等。英国在19—20世纪制定了《土地改进法》《土地转让法》《物权法》《农业土地所有权法》《农业租用土地法》《小农场租期改革法》及《城乡规划法》等保护农村土地权益的相关法律，通过了一系列的法律法规，最大限度地保护了农村土地产权，实现了农民土地权益的最大化。

九、设置与社会经济发展相适应的农村土地发展权

农村土地发展权与更高的经济发展有着密切关系，是农村土地产权配置的高级阶段。农村土地发展权的设置有利于农村土地的管

理利用和实现土地资源的高效配置。在最早设置农村土地发展权的英国，土地持有者变更土地使用性质，要向政府购买土地发展权，这一制度设计的目的是政府对土地增值部分进行再分配。美国农村土地发展权归土地所有者，无论农村土地发展权被政府征购还是转让，农村土地所有者在继续耕作原土地的同时均可有一笔可观的收入。农村土地发展权购买是政府对农村土地使用权转换的购买，用来换取农户放弃农村土地开发权；而农地发展权转让实际上是市场交易行为，农地发展权补偿由开发商进行支付，通过农地发展权的设置来提高农民的财产性收入。

第四章

广东农村产权流转的发展背景与演变

第一节　广东农村集体产权研究概述

一、农村集体产权的范畴与现有主要政策制度

2016年，全省纳入平台流转交易的各类集体产权15.7万宗，交易金额1240.7亿元。但对于广东非常庞大的农村产权来说，目前的产权交易仅是初始起步阶段，如何建立健全产权流转的运行与保障制度非常重要。现有政策制度涉及运行、作用、保障机制较少，不甚明了，不利于农村集体产权的有序平稳及可持续发展。

二、广东省农村集体产权的体制机制制约因素

目前，广东省不少地方针对农村产权管理已陆续出台地方规章制度，但目前尚未制定统一的农村管理服务平台建设标准，对于产权交易平台的建设要求、交易项目和交易方式确定、交易信息发布、进入平台交易规则及程序、评审专家库、信用体系建设等均缺乏具体制度规定，相关配套政策有待建立健全。

三、当前农村集体产权制度的关键影响因素

目前广东尚未制定统一的农村集体产权管理服务平台建设标准

和配套的交易制度，各地的平台建设标准不一，交易制度各异。而且，从全省各地抽查调研分析，不少地方的农村集体产权管理服务平台既是中介服务机构，又是交易管理机构，还是监督机构，存在“监、管、办”不分的问题。

四、农村集体产权的阶段性路径选择分析

广东省农村土地产权的变迁过程主要分为5个阶段，即土地改革的产权私有化阶段（1952年前）、互助合作和人民公社下的产权公有化阶段（1953—1978年）、集体所有权和农户承包权分离的阶段（1978—2003年）、农村承包权可依法流转的阶段（2003—2017年）、农村土地“三权分置”及延长承包期的改革政策制定阶段（2018—2020年）。

第二节　广东农村产权制度有待深入研究的领域

国内外很多学者已对乡村振兴行动或者农村集体产权制度改革研究进行了较为深入地研究，他们的研究成果，也成为本课题深入学习梳理并得以凝练提出本研究学术观点的重要基础和前提。社会科学研究在不断创新发展，本课题根据十九大报告中七大战略之一——乡村振兴战略中要求“农业农村优先发展”“深化农村集体产权制度改革”的精神和指示，以及中央和国家多年以来关于深化农村集体产权制度改革和相关农村综合改革实施方案的新要求，在“现状分析—命题假设—作用机制—案例实证—对策建议”的研究思路框架下，开展在乡村振兴战略和新型城镇化背景下，农村集体产权改革制度环境比较分析、基于广东农村集体产权权能赋能的居民

获得感研究、农村集体产权的民主决策机制研究、农村集体产权实现路径的政策和机制建议研究等。因此，既是一种对前人研究的集成，也有在理论方法和研究框架上的不同之处；同时，对实践中已有政策制度成果进行梳理、提炼和总结，对省内乃至各级农村农业主管部门等具有前瞻性、全局性和战略性的政策应用价值进行评价。

第五章

大数据背景广东农村产权流转典型案例分析

第一节　全省农村产权流转现状

全省集体资产总量大，区域差异显著，大多属于“沉睡”状态。一方面，村组集体资产总量较大。2016年，全省农村镇级经济联合总社数为912个，村级经济联合社数为22880个，汇总组级经济合作社数为217415个。村组集体资产总额为5086.6万亿元，其中，村级集体资产3435.6万亿，占农村集体资产总额的大半壁江山，组级集体资产1651万亿元。另一方面，区域差异显著。珠三角地区农村集体资产体量大，占全省总量80%以上，其中，2016年末，东莞、广州、佛山、中山4个地级市的村组集体资产分别为1582万亿元、1468万亿元、760万亿元、357万亿元，总量达4167万亿元。粤东西北地区总量偏小，其中，河源、云浮、阳江、汕尾、韶关5个地级市居全省倒数5位，分别为13.8万亿元、18.1万亿元、18.4万亿元、24.1万亿元、24.9万亿元，总量仅为99.3万亿元，仅占东莞当年农村集体资产总量的6%。

2014年前，农村集体资产是一笔“沉睡”的宝藏，农业主管部门有过大致估算，但农村集体产权的权属界定、清产核资工作尚未全面系统开展，农村集体产权难以明确流转，甚至部分农村土地产权、公益性、资源性资产如农村集体用地、物业、仓库、矿山等处于地下“黑市”交易状态，没有在统一的公共平台上实现流转。2015年起，全省农村集体资金资产资源通过市、县、镇、村四级农村产权流转管理与服务平台开始实现流转，但流转的资金量仍偏少，资产资源以农村土地产权流转为主，多以农村土地承包地流转和农村经营建设用地（已有物业）租赁为主，体量很小。据统计，至2018年，广东农村承包的流转面积约占家庭承包地35%左右。

第二节 珠三角代表性地区农村产权流转实证案例分析

近年来，因集体资产确权和监管不到位，基层干部违法违纪贪腐行为多为频发，农民合法财产权利受损，严重影响了党群干群关系，成为农村社会不稳定的重要因素。针对这些问题，佛山市南海区、东莞市、江门台山市、清远市等地，探索推进集体经济确权工作，建立集体“三资”监管服务平台，为维护农村社会和谐稳定发展奠定基础。

一、佛山市南海区通过探索“政经分离”促进农村集体“三资”流转监管

针对村（居）基层组织职能不清、“政经混淆”的管理模式、外来常住人口数量与本地农村户籍人口倒挂，可能影响集体经济组织成员利益等问题，南海区以“政经分离”为突破口，不断理清农村基层组织职能关系，健全农村集体产权管理体系和“三资”监管体系，推动集体经济潜力释放、发展方式转型升级。

2011年初，南海区启动政经分离改革，实行选民资格、组织功能、干部管理、账目资产和议事决策“五分离”，让党组织、自治组

织和集体经济组织各归其位。“政经分离”主要是将经联社与村委会分开，各司其职。经联社社长由股东选出来，不在村委会任职，统领村经济事务。同时，各村小组与原先附属的经济社分离。截至2017年11月21日，南海区已完成股权确权章程表决的集体经济组织有1739个，完成率为87.04%。股权确权完成后，新增外来人口可以参与乡村社会管理事务，但不能参与经济社分红。

第一，开展“两确权”。明确和保障集体资产所有权、处置权和集体经济收益权。南海区从2007年9月起开展“两确权”（农村集体资产产权确认和农村经济组织成员身份确认），改固化股权“到人”为“到户”，明确集体资产所有权、处置权和集体经济收益权的主体，划清有权与无权参与集体经济收益分红的身份，保障集体经济组织成员财产权利。

第二，厘清基层组织间职能关系。南海区探索选民、组织、干部、议决事、账目“五分离”的“政经分离”改革，促使经济组织一心一意搞经营，自治组织一心一意搞服务，以经济利益为中心的矛盾纠纷和群众上访大幅减少，村（居）和谐稳定有了坚实基础。南海区还率先在全省实施集体经济组织单独选举，并通过依法表决统一将集体经济组织领导成员的任期从原来的3年改为5年。在全区224个经联社、1839个经济社中，有218个经联社和1821个经济社完成了单独选举，分别占总数的97.8%和99.0%。

第三，强化集体经济监管。全面建成集体资产管理交易平台、集体经济财务监管平台和集体经济组织成员股权（股份）管理交易平台“三个平台”，规定村居集体资产交易、财务管理以及社员股东股权管理必须纳入平台公开管理。“三个平台”的建成使用，推动了集体经济“阳光”交易和透明监管，大大减少了集体经济矛盾纷争。

截至2015年7月31日，全区进入平台成交的资产37246宗，标的总金额达280亿元，溢价增值超20%；在管财务账2889套，资金117亿元；77万社员股东的股权全部纳入平台管理。

二、东莞市以推进农村股份合作制改革健全农村集体“三资”流转工作机制

为破解传统集体经济发展分散化、低端化模式，防止集体经济“希腊化”风险，近年来，东莞市围绕农村综合改革，探索农村股份合作制改革，创新集体“三资”流转交易监管模式，推进村组集体经济统筹改革，农村居民可支配收入多年一直居全省第一，同时增强了农村基层善治基础。

第一，东莞市全面推行农村股份合作制改革，实行“生不增、死不减、进不增、出不减”的股权固化制度。2002—2003年开展试点，2004年全面铺开农村股份合作制改革工作，到2006年底，全市农村股份合作制改革基本完成，共建立了559个股份经济联合社和2499个股份经济合作社，119万名村民成为农村股份合作经济组织的股东。建立了“一刀切、生不增、死不减、进不增、出不减”的股权固化制度，强化股权继承管理，制订股权继承指引，规范股权继承流程。

第二，探索“政经分离”。莞城街道3个村实施“村改居”，连同原来的6个居委会整合为8个社区，2009年结合社区换届选举推行“政经分离”，社区居民委员会与农村集体经济组织两套班子成员不交叉任职，社区面向全体居民专职从事社区管理和公共服务，集体经济组织对全体股东负责，专心致志发展集体经济，且集体经济不再负担社区公共开支。从2011年起至今，莞城成为全市唯一一个

经联社没有收不抵支的镇（街）。在其他条件成熟的村（居）推行经济组织与自治组织财务分账核算，划清权责，界定经济来源和费用承担，从核算体系上为“政社分离”打好基础。

第三，强化集体“三资”监管。一是设立专门机构加强“三资”监管队伍建设。1998年起至今，东莞在市、镇（街）两级设立农村资产管理办公室，全面实行财会电算化、农村出纳岗位专职化，全市共有近3000人的专职农村财会和审计队伍。二是强化制度建设。市镇两级累计出台规范性文件近500份，指导2900多个集体经济组织制订章程，建立重大事项审查、土地款管理、合同管理、薪酬管理、开支审批、收益分配、责任追究等为重点的管理制度体系。三是全面建立覆盖市、镇、村、组四级的农村集体“三资”监管平台，对集体经济组织的集体开支、股东分红、产权变动、经营状况等进行全程动态监控，降低了农村集体资产交易的随意性，增加了资产交易过程的透明度，促进了集体资产保值增值。截至2018年7月底，全市共通过平台成功交易8130宗，成交额119.9亿元，总体溢价率9.3%，直接为农村集体增收10.2亿元。四是强化责任追究。2009年，出台违反农村集体资产管理行为责任追究办法，根据违反程度，相应处以责令改正、通报批评、扣减报酬、建议股东代表大会处理以及移交纪检、司法部门处理等责任追究形式，促进集体经济的规范管理和健康发展。

三、江门台山市规范村集体资产资源交易经验做法

江门台山市从2012年开始，提出“建好一个中心、管好一本账簿、打好一套组合拳”“三个一”的规范化管理制度。截至2015年，在增收农村集体和农民收入、增强基层治理能力方面取得良好成效：

一是农村集体收入大幅增加。2012 年 6 月—2015 年，全市农村到期重新发包项目交易 1069 宗，承包总额 4.16 亿元，比原合同 1.12 亿元的承包总额增幅 2.6 倍；新发包项目交易 635 宗，承包总额为 1.78 亿元。群众受惠面超过 60 万名。二是群众负担明显减轻。“三资”管理规范后，一些村（组）集体财力增强，村组农田水利等生产设施建设、村文化设施建设、村容村貌整治等公益性事业，全部由村集体支付资金。一些村（组）还解决村民个人支付的养老、医疗等费用。三是农村矛盾纠纷明显减少。通过“三资”管理，将村集体“三资”家底全面公开，各项操作实行民主公开，从源头上减少了农村新发矛盾纠纷。2013 年，该市有关部门共收到“三资”管理方面的信访件 36 件，与 2011 年的 138 件、2012 年的 67 件相比，分别下降了 74%和 46%。四是新的“三资”腐败案件零发生。“三资”管理服务中心全面建成投入使用后，至今没有发生一宗新的腐败案件，营造了风清气正、干事创业的良好氛围。

2012 年该市在财政十分紧张的情况下，以“独立办公”“全面覆盖”和“统一标准”为基本要求，全面推进镇（街）“三资”管理服务中心建设。其中：“人员统一”是指不增加编制和财政负担，各镇（街）抽调人员配备到服务中心，由分管农业镇（街）领导兼任中心主任。“职能统一”指服务中心除履行农村集体资产资源交易功能外，还履行农村财务结算、农村小型工程招投标、农村集体经济审计、农村土地流转及农村土地承包纠纷调解五项职能，实行资源整合、高效利用。“交易统一”是指以各镇（街）为单位，结合实际，统一界定进入服务中心进行交易的标准。各镇（街）对不需进入服务中心交易的小额交易项目，则全部在村委会公开、公平、公正地进行交易，镇（街）服务中心派人到村（组）进行指导和监督。无论哪种交易方式，所有交易信息都及时通过交易监管平台、互联网、滚动显示屏、手机短信及发包方村务公开栏等全面公示。

台山市通过三纪教育和创新“1035”民主议事方式，全面提升农村“三资”流转交易监管水平。一是以案说纪。严厉查处农村集体资产资源交易过程中的收受贿赂、欺行霸市、私下交易、规避监管等违纪违法行为。共查处案件 23 宗，涉案人员 37 人，涉案金额 180 多万元。依托“流动党校”，分 30 个班次对全市 6000 余名村（居）“两委”干部及村民小组组长、副组长以案说纪，开展以规范“三资”管理为重点的党纪政纪法纪“三纪”教育。二是健全机制。不断健全完善合同管理、资金管理、监管管理、交易保证金等方面制度。创新推出“1035”民主议事方式，健全规范民主议事程序。“10”是指凡采取村民签名形式进行民主议事的，村（组）干部要提前 10 天通知村民。“3”是指在组织村民签名时，要有 3 名以上村（组）干部在场监督，确保村民签名真实，确保村民表决情况能及时公布。“5”是指经村民签名表决通过事项，在村（组）公示不少于 5 天，才能上报镇（街）“三资”管理服务中心立项。

四、中山市通过提高农民管理集体资产的参与性，有效推动农村产权流转工作

中山市积极推进农村产权流转管理平台建设，2014 年，已实现全市 24 个镇级平台、289 个村级站点全覆盖，市镇村三级平台互联。目前全市村（居）录入集体土地（含山林地、建设用地等）等资源性资产 29306 宗，完成录入资产合同资料 63624 宗；合同标的额 29. 28 亿元。2014 年，全市到市上访中，涉及农村集体“三

资”的信访有40宗左右。2016年，上半年减少到1宗，有效预防了涉农矛盾的发生。如三乡镇，以前由于缺乏规范的监督管理机制，在农村集体资产管理交易上，个别村组交易不公开、不透明，群众反响强烈。农村集体资产进入管理交易中心后，所有交易行为在阳光下规范进行，有效打消了群众思想疑惑。2016年，全镇村级资产通过平台完成交易430宗，交易额为1.48亿元，至今实现了群众零投诉。

中山市政府部门着重通过多种途径提高农民对于农村集体“三资”流转工作的参与度和监督管理的积极性，村民代表全程参与集体资产交易过程，实行交易前民主议定、交易中群众参与、交易后全面公示和全程监督。集体资产管理交易运作的每一个环节、每一个程序，都经过群众民主讨论确定，充分保障了农民群众对村组集体经济事务的知情权、决策权和监督权，推进了基层民主政治建设。

如东凤镇将交易程序分为新租和续租两大类，新租项目须严格按照制定交易方案、提交表决、立项审核、公示信息、组织交易等整个交易流程执行，续租项目重点关注民主决策及公示过程。无论是新租还是续租项目，都要按照“归档目录”要求整理交易项目档案备查，并通过考核检查，进一步规范村（居）集体的资产交易行为。如东凤镇东兴社区有2046平方米物业使用权，通过各种渠道发布信息以每月6万元的底价出租，经营者表现踊跃，经工作站现场交易竞投，最终以每月9.4万元价格成交，此项目每年为集体增加收入40.8万元，增幅达56.7%。2014年，全市村组两级集体经营收益38.78亿元，比2013年增加5.2亿元，增幅为15.5%；通过平台完成农村集体资产交易3762宗，涉及合同成交金额达73.69亿元，比合同标的底价平均溢价15%以上。

第三节　粤东西北地区农村产权流转实证案例分析

一、清远市阳山探索村务监督委员会推进农村“三资”运行监管模式

2014年，阳山县159个村委会全部建立村务监督委员会，截至2017年5月，推选产生村务监督委员会成员477人，党员270人，占比约为60%。阳山县依托县镇村三级公共服务平台，全面构建农村集体“三资”网络平台，实现“三资”报账网络化、“三资”监管电子化、“三资”公开便民化；切实加强“村账镇管”工作，推行“五不准”（不准转用收据、不准坐收坐支、不准超额备用、不准变序出票和不准跨季报表）。2016年，覆盖全县159个村委会成立勤廉监督室，相当于乡镇纪委派驻在行政村的机构，人员经费由财政解决，监督室主任由镇政府驻村干部担任，勤廉监督室副主任由村务监督委员会主任兼任。勤廉监督室成立后，确保农村“三资”财务收支得到有效监管，改变了以往村组支出多、支出随意性大、超标准开支等乱象。

二、梅州市蕉岭县在粤东西北地区率先探索“农村财务监管平台和资产交易平台”双轨并行模式

针对农村“三资”管理混乱、产权不清、财务混乱等问题，蕉岭从2013年开始，探索建立信息化的农村财务监管平台和资产交易

平台，把农村集体“三资”台账基础数据录入电脑，并根据业务发生及时调整台账和掌握农村财务数据。

三、揭阳市惠来县通过健全“三个规范”建设，确保农村集体资产资源公开交易实现保值增值

揭阳市惠来县农村集体经济比较薄弱，是新一轮全省21个扶贫开发重点帮扶县之一，县纪委结合惠来县实际，把农村集体“三资”管理服务平台建设作为镇街纪委规范化建设一项重点工作来抓，2014年5月，在揭阳市率先全面实行农村集体资产资源阳光交易。全县13个镇均成功举行公开交易，交易总数107宗，交易总金额3936.11万元，其中，出租、发包类有78宗，交易底价1625.37万元，成交价2510.27万元，增幅54.44%；建设工程类有29宗，交易底价1486.35万元，成交价1425.84万元，减幅4.1%，实现了农村集体资产资源保值增值。惠来县形成“三个规范”的农村“三资”流转管理的经验模式：一是中心设置规范。各镇配有面积50平方米以上的交易大厅和办公室、签约室，由政府集中采购统一向各镇配发电脑、电视机、投影仪、打印机、复印机、LED显示屏、档案柜等办公硬件，订购安装了技术成熟、设置合理、管理规范的交易系统软件。二是制度建设规范。严格规范交易中心工作职责、交易流程、交易规则等工作制度，统一制作发放给各镇上墙公开并严格执行。惠来县在全市率先把标的物在5000元以上、承包期限在3年以上的集体资产资源，以及5万元以上、100万元以下的建设项目全部纳入交易中心进行公开交易。三是监督管理规范。把交易中心建设列入党风廉政建设责任制年度考核，同时把交易中心系统与县行政电子监察中心并网，

实现实时数据传送，增强监督实效。

第四节　珠三角与粤东西北的差距分析

一、全省农村集体经济总量不断增长，农村产权市场交易不断升温

广东农村集体经济总量庞大，截至 2015 年底，拥有耕地 3924 万亩，林地 1.65 亿亩，农村集体建设用地 2539 万亩，村组两级经营性资产 4800 亿元，2015 年村组两级总收入近 800 亿元。土地资源性资产主要集中在粤东西北地区，经营性资产集中在珠三角地区，珠三角地区村组两级经营性资产占全省总量的 85%。集体经济收益以农村集体资源发包、资产租赁为主，占总收入的 70%左右。据统计，2015 年集体可分配收益中成员分配收益近 300 亿元，比 2014 年增长了 14%。

广东村、组两级集体资产总量较大。以 2016 年末统计数据为例，全省农村镇级经济联合总社数为 912 个，村级经济联社数为 22880 个，汇总组级经济合作社数为 217415 个。村组集体资产总额为 5086.6 万亿元，其中，村级集体资产 3435.6 万亿，占农村集体资产总额的大半壁江山，组级集体资产 1651 万亿元。

二、珠三角地区集体经济总量大、发展快

珠三角地区发展农村集体经济较早且发展较快的主要是佛山、东莞、广州等地。其中，佛山市有农村集体经济的村（居）共 554

个，全市农村集体经济组织 4729 个（经联社 604 个、经济社 4125 个），成员 206 万人。佛山市的农村集体经济收入总量庞大，年增长率为 12%左右，保持良好的增长态势。目前，全市农村集体资产 676.16 亿元（不含土地作价），集体经济总收入 171 亿元，可分配收益 121.8 亿元，集体银行存款 200 亿元，人均分红 3235 元，相关主要经济指标位列全省前三。截至 2017 年末，佛山农村集体资产资源交易宗数为 22.56 万宗，成交额为 942 亿元，领跑全省。其中，南海、顺德、禅城区的集体经济总收入及银行存款一直保持前列，3 个区的集体经济总收入占全市总量的 94.7%，银行存款占全市总量的 91%。其中南海区稳占龙头地位，远超其他四区，仅 2015 年，全区进入平台成交的资产 37246 宗，标的总金额达 280 亿元，溢价增值超 20%，在管财务账 2889 套，资金 117 亿元；77 万社员股东的股权全部纳入平台管理；三水区和高明区相对薄弱，两区集体经济收入合计仅占全市总量的 5.3%。近年来，佛山市村（居）重点发展资源性物业和收益相对稳定的行业，采取“出让土地、建厂收租、以地生财”的方式，形成典型的“物业经济”发展模式。据不完全统计数据显示，全市农村集体土地及物业的经营收入达 140 亿元，占全市农村集体经济总收入的 82%。

东莞市 20 世纪 80—90 年代受农村工业经济转型发展的利好，到 21 世纪初期从“三来一补”到“物业经济”再到“新物业经济”的转型，农村集体经济管理发生了巨大的发展，截至 2017 年，东莞农村集体资产资源交易宗数为 4.8 万宗，成交额 608.2 亿元，总量居全省前列。为了应对庞大的农村资源资金，东莞在 2013 年就建成覆盖市、镇、村、组四级的“三资”监管平台，全市约 3000 个农村集体经济组织的股东分红、土地资金、接待费用、大笔现金流、合同收款进度等重要项目全部纳入平台实时全程监控。2015年，在全省率先开创集体资产网上交易新模式，并开发“东莞村财”App并在全市推广应用，为社会公众、村民股东、竞投人、承租人开展资产交易的相关业务牵线搭桥。在全省率先推行村有预算制度。

三、粤东西北地区“沉睡”的农村集体经济开始复苏，农村集体产权流转与交易机制不断完善

从表5-1可以看出，2017年，粤东西北地区农村集体资产资源交易体量很小，如汕头农村集体资产资源交易5076宗，交易额为28.45亿元；湛江农村集体资产资源交易1121宗，交易额10.07亿元，清远、茂名等地交易额仅为2亿元左右，与珠三角地区仍然存在巨大的差异。湛江市全市涉农108个镇（街）已建成农村集体“三资”管理服务平台共97个，占全市镇（街）应建总数的100%；全市累计交易1121宗，累计交易额10.07亿元。清远市2017年1—10月共开展“三资”交易511宗、金额2.35亿元，其中87.3%的交易通过产权流转管理服务平台进行。汕头市至2017年11月，纳入各级平台交易的标的已累计达5076宗、交易金额28.45亿元，初步实现了对农村集体“三资”管理、交易、监督、服务的“四统一”，促进集体资产保值。

表 5-1 广东各区域集体资产交易情况

区域	地区	广东农村集体资产资源交易情况（2017 年）				备注
		清产核资工作进度(%或个数)	农村“三资”平台覆盖度	交易宗数（宗）	成交额（亿元）	
珠三角	佛山	100	全覆盖	22.56 万	942	
	惠州				183.9742	录入各类“三资”数据共 28.4712 万项
	中山		全覆盖	950		到 2014 年平台建成运作以来，全市通过平台累计完成交易 9023 宗，成交额为 140.59 亿元
	珠海		区级平台 7 个，镇级平台 23 个	12181	22.77	
	东莞	100	2908 个村全覆盖	4.8 万	608.2	
粤东	汕头			5076	28.45	
	潮州	100	48 个乡镇全覆盖	321	1.56	
	汕尾	100	57 个镇全覆盖	701	3.24	
粤西	湛江	1.4 万	108 个镇街全覆盖	1121	10.07	清理合同 2.66 万份，农村集体资产资金总额为 119.91 亿元。其中，2017 年交易 598 宗，交易额为 5.3743 亿元
	茂名	33051				
	阳江	100	100%	53	0.18	清理核实农村集体总资源面积为 701.6 万亩、固定资产为 17.32 亿元、合同 5272 份
粤北山区	清远	2831 万亩资源		511	2.35	87.3% 的农村资产资源交易通过产权流转平台开展
	梅州	2237.76 亩土地资源	全覆盖			
	韶关	——	——	——	——	

2017 年，珠三角与粤东地区的清产核资工作进度皆为 100%，珠三角地区的农村“三资”平台覆盖率除了珠海的区级平台 7 个，镇级平台 23 个以外，其他城市基本达到全覆盖。其中，佛山的交易宗数与成交额皆为最高。从统计数据来看，粤西地区的湛江，其清理合同达 2. 66 万份，农村集体资产资金总额 119. 91 亿元。其中，2017 年交易 598 宗，交易额 5. 3743 亿元。粤北山区的清远，其 87. 3%的农村资产资源交易是通过产权流转平台开展的。

第六章

广东农村产权流转的短板分析与发展思路

第一节　存在的短板

一是农村产权主体权利结构不当或失效，导致乡村治理主体失效。“乌坎事件”等一系列乡村治理失效案例，足以说明其失败的主要原因和表现是治理主体有效性不足，而乡村治理主体失效的根源在于农村产权主体权利结构不当或失效。

二是超级村庄资产资源资金流转监管机制不够规范。如汕尾、汕头等地区，存在部分人口一万人以上的“超级村庄”，集体资产也比较庞大，而这些地区的村官涉腐问题相对严重。其原因主要在于村主任、村支书，同时也是村经济社或经济联社社长，同时掌控村中政务和财务大权；或者没有设立村经济社、经济联社的村集体，村主任或村支书掌握财务大权，形成贪腐高危高发区。一些地方在“小村并大村”“小镇并大镇”“村改居”“镇改街”过程中集体资产被平调，集体资产流失严重；一些地方财务管理薄弱，少数人说了算、“小村官大贪腐”、侵害农民权益问题时有发生。此外，集体经济矛盾往往还与宗族问题、选举问题、历史问题等相互纠缠，牵一发而动全身，引发党群干群关系紧张、党组织的核心地位受到挑战等一系列问题。

三是部分集体经济发达地区没有推行政经分开。集体经济组织与基层党组织、自治组织“三位一体”“政经混合”，村居一把手权责不清，把工作重心和精力放在发展集体经济，忽视党建、民主自治、公共管理和服务，基层干部戏称“集体经济‘绑架’了基层组织”。容易导致村居自治功能弱化、非成员争夺成员利益、外来常住人口的公共管理和服务不到位等问题。

四是农村集体经济组织成员资格界定没有统一标准，成为引发产权流转纠纷的重要诱因。农村集体经济组织成员尤其是粤东西北地区与村民的利益边界模糊，为成员资格认定引起的利益纠纷和信访上访不断，成为当前农村社会和谐稳定的一大疾患。另外，村委会（村民小组）代替集体经济组织行使农村集体土地所有权现象普遍：一些地方以村民委员会、村民小组行使集体土地等资产的发包、出让权；一些地方以村委会、村民小组名义签订经济合同，且把集体资产和财务记入村民自治组织名下；一些地方以村民委员会、村民小组的名义公开农村集体经济组织财务、资产运营情况；一些地方发生征地时把征地补偿款拨付到村委会（村民小组）等怪象。

第二节　发展思路

一是着力化解土地承包权益、成员资格界定、股份分配矛盾纠纷。针对因农户承包地块四至不清、承包地和宅基地使用权权属不明、档案资料不全等土地产权权属问题，以及农村外嫁女及其子女、回迁户、复退返乡军人、“农转非”人员、代耕农等特殊群体在集体经济组织成员资格及权益问题上引发的矛盾纠纷，通过农村综合改革的办法，协调解决各方利益诉求，从政策的源头上化解矛盾纠纷，维护农民合法权益。

二是着力化解涉农补助资金监管和村务管理矛盾纠纷。针对各项涉农补助资金被截留、挪用私分和村务不公开、村集体经费监管不到位等违法违纪行为引发的矛盾纠纷，开展专项整治。组织开展涉农补助资金清理检查，追缴被截留、挪用私分的各项涉农补助资金，按政策规定补助到村到户，化解矛盾纠纷。以建设农村产权流转管理服务平台为契机，配合开展安排涉农补助资金常态化专项审计，着力整治涉农补助资金和村财务管理不规范、政策和制度执行不到位、收支不公开、票据账目混乱等问题。

三是加快推进农村产权流转管理服务平台建设，从体制上预防涉农矛盾发生。健全农村集体产权管理监督和集体资产收益分配制度，加快建立覆盖省、市、县、镇、村五级的互联互通网络，建成具有助农增收，产权流转监督，党务、村务和财务公开，涉农维稳信息汇总等功能的综合型平台。

四是积极推进农村（社区）基层组织“政经分开”改革，保障农民合法权益。珠三角地区和实行农村产权制度改革、组建农村股份合作经济的地区，以及其他农村集体收入较高和外来人口较多的农村地区，要按照选民资格分离、组织功能分开、干部管理分离、账目资产分设和议事决策分离的要求，加快推进集体经济经营事务和社区行政事务、自治事务相分离的“政社分开”改革，在强化党组织领导核心的前提下，逐步理顺集体经济组织和社区党组织、自治组织、公共服务站的职能关系。逐步将实行“政社分开”改革的农村（社区）的公共治安、环境卫生等基本公共服务支出和社区党组织、自治组织办公经费纳入财政预算，切实减轻集体经济组织负担，增加集体经济组织成员分配收入，增强集体经济组织投资建设经营性基础设施能力。

五是推动村居基层治理创新。围绕广东省重构村居基层组织机构设置、基层治理民主化法治化、推动基层社会协同共建等，积极推动条件成熟的村居开展“政经分开”，加快推进基层治理创新。以“南海经验”“增城经验”为借鉴，在珠三角地区和部分条件成熟的粤东西北地区推进基层议事决策机制重构。全面推行党组织主导下的班子联席会议制度和党群联席会议制度、村务监督委员会，并做好与社区参理事会、议事会的衔接，巩固党组织领导核心。

第三节　发展目标要求及主要任务

一、发展目标要求

（一）指导思想。深入贯彻习近平新时代中国特色社会主义思想和关于“三农”工作的重要论述，围绕乡村振兴战略关于农村集体产权制度改革的指示，按照中央、国务院以及广东省委省政府关于推进农村集体产权制度改革的工作部署，以坚持和完善农村基本经营制度为前提，以建立归属清晰、权能完整、保护严格、流转顺畅的现代农村集体产权制度为目标，以保障农民和农村集体经济组织的财产权益为根本，以规范流转交易行为和完善服务功能为重点，借鉴先行地区的成功做法，积极培育和发展农村产权流转交易市场，推动农村生产要素合理流动和优化配置，促进农村集体资产保值增值和农民增收。

（二）总体目标。根据广东省委省政府统一部署，结合省内各地实际，全面建成省市区镇村五级农村产权交易流转网络平台，并做好与省、市网络平台的对接工作；全面推进农村产权流转交易服务站，明确产权交易的品种、规则等相关内容，探索制定产权交易的相关文本、交易流程及运作办法，实现农村产权流转交易的公开、公正、规范运行；其他涉农街道做好清产核资等基础工作，待市级农村产权交易市场建成后，按要求进入市平台进行交易。

（三）基本原则。一是公益性为主。坚持为农服务宗旨，突出公益性，不以营利为目的，支持农村产权流转交易市场发展，促进城乡生产要素双向流通和资产资源优化配置，充分发挥其服务农村改革发展的重要作用。二是依法自愿有偿。按照相关法律法规和政策规定，以农民为主体，政府引导扶持，市场配置资源，鼓励交易双方平等协商、自愿互利流转农村产权。农村产权流转交易不得违背农民意愿，不得损害农民和农村集体经济组织的合法权益。三是公开公正规范。坚持公开透明、自主交易、公平竞争、规范有序，深入探索建立符合本地实际和农村产权流转交易特点的市场形式、交易规则、服务方式和监管办法。四是因地制宜。坚持统筹规划、合理布局，从各地实际出发，确定市场模式和覆盖范围，不搞强迫命令。五是循序渐进。不急于求成，不片面追求速度和规模，充分利用各种资源和有利条件，稳妥慎重、积极推进。农村集体资产流转必须进入市场公开交易，同时引导鼓励农户、专业合作社、涉农企业到农村产权交易机构进行交易。

二、主要任务

（一）明确交易主体。法律、法规和政策没有限制的法人、自然人，均可进入市场参与流转交易。具体准入条件，按照相关法律、法规和政策执行。现阶段，市场流转交易主体主要有农户、农民合作社、农村集体经济组织、涉农企业和其他投资者。农户拥有的产权由农户自主决定是否入市流转交易，任何组织和个人不得强迫或妨碍自主交易。农村集体资产流转必须进入市场公开交易，防止暗箱操作。农村产权流转交易市场要依法对各类市场主体进行审查核实、登记备案。产权流转交易的出让方必须是产权权利人，或者受产权权利人委托的受托人。除农户宅基地使用权、农民住房财产权、农户持有的集体资产股权之外，流转交易的受让方原则上没有资格限制（外资企业和境外投资者按照有关法律、法规执行）。对工商企业进入市场流转交易，要依据相关法律、法规和政策，加强监管和风险防范。

（二）明确交易品种。农村产权类别较多，权属关系复杂，承载功能多样，适用规则不同，应实行分类指导。交易品种主要包括：

（1）农户承包土地经营权。是指以家庭承包方式承包的耕地、草地、养殖水面等经营权，可以采取出租、入股等方式流转交易，流转期限由流转双方在法律规定范围内协商确定。

（2）“四荒”使用权。是指农村集体所有的荒山、荒沟、荒丘、荒滩使用权。采取家庭承包方式取得的，按照农户承包土地经营权有关规定进行流转交易。以其他方式承包的，其承包经营权可以采取转让、出租、入股、抵押等方式进行流转交易。

（3）林权。是指农村集体林地经营权和林木所有权、使用权，可以采取出租、转让、入股、作价出资或合作等方式流转交易，流转交易期限不能超过法定期限。

（4）农村集体经营性资产。是指由农村集体统一经营管理的经营性资产（不含土地）的所有权或使用权，可以采取承包、租赁、出让、入股、合资、合作等方式流转交易。

（5）农业生产设施设备。是指农户、农民合作组织、农村集体和涉农企业等拥有的农业生产设施设备，可以采取转让、租赁、拍卖等方式流转交易。

（6）农村小型水利设施使用权。是指农户、农民合作组织、农村集体和涉农企业等拥有的小型水利设施使用权，可以采取承包、租赁、转让、抵押、股份合作等方式流转交易。

（7）农业类知识产权。是指涉农专利、商标、版权、新品种、新技术等，可以采取转让、出租、股份合作等方式流转交易。

（8）其他。农村集体经济组织股权、农村房屋所有权及农村闲置宅基地使用权、农村建设项目招标、产业项目招商和转让等。

本着“先易后难、先少后多、稳步推进”的原则，立足钟楼实际，现阶段先行开展农户承包土地经营权、农村集体经营性资产的交易试点，由区委农工办制定具体细则。其他品种产权的交易，待时机成熟，由各相关职能部门牵头出台交易细则，逐步推开。

（三）规范交易程序。农村产权流转交易市场的交易活动，原则上应按照以下程序进行：

（1）提出交易申请。由转出方向所在镇农村产权流转交易服务站提交产权流转申请材料，镇相关职能部门进行审核。

（2）发布流转信息。审核通过后，由农村产权流转交易市场利用网络等公共媒体，按照时限要求发布产权流转信息，广泛征集受让方。

（3）审查受让方资料。受让方申请受让产权，提交受让申请书、受让方资格证明或有效证件、受让方资信证明和农村产权交易需要提交的其他材料，由农村产权流转交易市场进行资格审查。

（4）组织产权交易。农村产权流转交易市场依据征集到的资格审查合格的受让方情况，按照国家有关法律、法规和政策规定，选择协议、电子竞价、招投标等交易方式，组织进行交易。

（5）签订交易合同。农村产权流转交易市场及时公示交易结果，转出方与受让方在规定的时限内签订产权流转交易合同。

（6）出具交易鉴证。转出方与受让方向农村产权流转交易市场提交鉴证所需材料，经农村产权流转交易市场审核合格后，出具交易鉴证书。

（四）强化制度建设。农村产权流转交易市场要围绕农村产权流转交易这一主线，建立健全业务受理、信息发布、交易签约、交易中（终）止、交易（合同）鉴证、档案管理等各项制度，确保交易产权无争议、交易信息真实准确、交易程序合法合规、交易过程公开公正。针对不同种类的交易品种，可以制定或细化各类具体规则；也可以通过实践，进一步对交易品种的发起、审查、发布、交易、鉴证、权属变更等各环节进行细致规范；还可以对市场运行、服务内容、中介行为、纠纷处理、收费标准等做出具体规定。

1. 农村产权交易过程中，有下列情形之一的，经农经部门确认后中止交易：

（1）有关行政主管部门提出中止交易的；

（2）转让方或与产权有直接关系的第三方提出正当理由，并经产权行政主管部门批准的；

（3）产权存在权属争议的；

（4）农村产权交易机构认为有必要中止交易的；

（5）其他依法应当中止交易的情形。

2. 农村产权交易过程中，有下列情形之一的，经农经部门办确认后终止交易：

（1）中止期限届满后，仍未能消除影响交易中止的因素导致交易无法继续进行的；

（2）产权行政主管部门提出终止交易的；

（3）转让方或与产权有直接关系的第三方向农村产权交易机构书面提出终止交易申请，并经产权行政主管部门批准的；

（4）人民法院、仲裁机构依法发出终止交易书面通知的；

（5）其他依法应当终止交易的情形。

3. 在农村产权交易活动中，禁止下列行为：

（1）操纵农村产权交易市场或者扰乱交易秩序的；

（2）影响交易双方进行公平交易的；

（3）法律、法规、规章禁止的其他行为。

第七章

广东省农村产权流转的科技服务机制与管理模式

第一节　广东省农村产权流转的科技服务与管理现状

一、科技服务需求情况

随着农村要素资源越来越丰富，各种形式的农村要素交易走进了公众的视野，相较于城市，由于农村产权流转交易各种技术及业务的不成熟，业务怎么开展困扰了很多县、乡的负责人。农村产权流转交易不是挂上“农村产权流转交易”的牌子就可以顺利地开展业务，它需要强大的专业性的业务系统，优化的科技服务模式和管理机制来帮助农村产权流转交易，来解决农村产权交易目前存在的问题。

农村产权流转交易市场及平台的健康发展，事关农村改革发展稳定大局，有利于保障农民和农村集体经济组织的财产权益，有利于提高农村要素资源配置和利用效率，有利于加快推进农业现代化。党中央决定始终把解决好农业、农村、农民问题作为全党工作重中之重，多次将规范农村产权流转交易平台及增强其科技服务能力相关内容写入中央文件，特别是在中共十八届三中全会中明确提出了“建立农村产权流转交易市场，推动农村产权流转交易公开、公正、规范运行”的改革方向。2014 年中央“1 号”文件要求“深化农村土地制度改革的重点，创新农村产权交易制度”，2015 年 1 月，国务院办公厅发布了《关于引导农村产权流转平台市场健康发展的意见》（国办发〔2014〕71 号），这是首部针对农村产权流转交易市场的全国指导性文件，这些均为农村产权流转交易市场的发展提供了有力的政策保障。

目前，我国农村产权流转交易正处于快速发展阶段，对于农村产权流转交易过程中的科技服务需求剧增。农村产权流转的科技服务是对农村产权科技实现业务的阐述，能够有效地帮助各级管理人员实现业务的管理，能够帮助农户及管理者利用互联网手段实现信息的发布、线上交易等方式。同时，为了能够让各种农村要素在县、乡级的农村产权交易中心平台进行交易，其需要提供的科技服务包括具备让信息充分汇聚的网站；能够让各级会员进行供求信息发布；能够让平台的管理人员进行交易管理，能够让交易发现最大价值的竞价工具；能够实现各级会员的管理；能够实现各种保证金、交易价款等资金的线上管理。

首先，增强农村产权流转的科技服务能力能够引导农村产权流转交易往规范化、市场化的方向发展，避免暗箱操作，杜绝寻租腐败行为。农民可以通过县级农村流转交易平台提供的科技服务提供资金的产权交易信息，凭借着农村产权的交易鉴定书在农村产权完成流转交易后，科技服务平台继续为其提供评估、担保信息发布、融资信息链接等配套服务，可以极大地推动农民参与农村产权流转，提高农村产权进场交易效率，提高交易的活跃程度。

其次，农户渴望获得农村产权流转科技服务的需求还得益于平台科技服务为农村资源提高集约化管理与经营中获得的福利，农民可以进一步在农村产权交易平台提供的科技服务中吸引更多的社会资本流入农村，进一步提高农村的资源配置与高效利用，可以优化城乡资源要素配置，迅速加快当地农业现代化建设与发展的步伐，为当地的农业做大做强提供科技服务的支持。

总的来说，农村产权流转提供的科技服务可以促进农民财产、农村集体资产的保值增值，维护农户财产性收益，有利于稳定和完善农村基本经营制度，保障农民与农村集体经济组织的财产权益。进场交易的农村产权，在科技服务平台的服务下，原则上实行减免转让佣金，免费为农户进行农村产权流转的挂牌和宣传，配套当地农村产权的补助金，降低了农户在进行交易过程中的成本，实现了溢价功能。综上所述，农户对农村产权流转科技服务的需求及科技服务为农村产权流转交易及平台建设所提供的现实情况，可以归纳出，目前广东省乃至全国对于农村产权流转科技服务方面较为重视与关注。同时，科技服务的动力来自如今科技水平的提高及互联网普及应用，农户可以通过多种网络渠道享受到农村产权流转科技服务中的益处，而非务必停留在只知道发布农村产权流转交易信息，而在交易过程中产生信息不对称、模糊等情况的出现。鉴于此，农村产权流转科技服务的需求将会越来越重要，主要体现在对农村产权流转平台信息公布、信息管理、成果转化、实现交易等方面，农户在科技服务的协同作用下将会更加愿意参与农村产权流转交易的发展进程。

二、运行管理机制发展情况

农村产权流转交易平台除为农村在开展农村产权流转过程中提供科技服务外，在整个参与过程中提供的运行管理也是十分重要的。这就关系到在农村流转交易平台中，怎样能够通过管理机制使得交易双方提供全程的网上服务是正式可靠的，是可进行有效交易的。卖方的管理机制重点是如何发布信息、该发布什么类型的信息，数据内容需要怎样的形式、获得买方的信息等，而作为买方更加关注的是怎样在农村产权流转的科技服务平台上获取到卖方信息，怎么判定该信息的可靠性和真实性，是否有某些信息是为特定用户群体显示的。可见，不管是卖方还是买方，农村产权流转交易平台中的运行管理机制对于他们来说都十分重要。一方面，交易双方能够在网站科技服务平台上方便地发布信息是必要的；另外一方面怎么加强对信息的管理及对买卖双方提供运作管理服务也是必要的。

目前，农村产权流转对于运作管理方面主要包括三个方面的内容，一个是关于农村产权信息的管理，其次是关于交易过程的管理，最后是关于资金的管理。在农户进入农村产权流转交易科技服务平台的时刻开始，农户首先会接收到的是对于信息的管理，包括对个人信息的填写与认定、农村产权流转信息等方面的内容，这一部分的运作管理机制将会极大地影响后期的其他运作机制。

在农村产权信息管理这一板块中，首先，买卖双方在科技服务平台发布相关的需求信息。农户即平台的用户在了解了科技服务平台的内容后，如果卖方和买方没有找到所需要的资源，那么在运作管理机制中可以让买卖双方按业务类型发布信息，如可定义为“农村承包土地经营权”“林权”“四荒”使用权、农村集体经营性资产等，当然也可以直接发布需求信息，而不进行哪一类业务的管理操作。对于农村产权流转科技服务平台来说，业务供需信息的分类是实现其管理机制进一步完善的方面，在目前诸多的农村产权交易平台中，对于信息的录入便捷化、可视化的管理是此后农村产权科技服务平台运行管理机制中需要关注的方面之一。其次，是对投融资信息发布的管理，无论是卖方还是买方，均可以在目前提供的农村产权流转科技服务平台上发布投融资信息，平台在管理运作中会围绕农村产权交易的8个业务品种进行投融资服务，另外，作为农村产权交易科技服务平台还可以与银行等机构合作提供各种金融服务，如抵押融资服务、土地信托服务、土地价值评估服务等。最后，作为农村产权交易科技服务平台的管理方，协作农户在科技服务平台上发布进场的供需信息，同时也可作为管理者在运作管理的平台上发布关于国家政策、省级管理条例及政策、新闻类信息等。在整个信息的运作管理中，农村产权流转科技服务平台要在信息管理上做到：审核交易信息双方发布的信息真伪性；对交易双方的信息进行跟踪跟进，并进行有效的撮合，帮助双方在网站上进行交易。

在交易管理这个方面，农村产权流转科技服务平台将会对农村产权交易中的八大类交易品种，对每个地区制定相应的管理流程和管理表单，不同的交易品种，设计的审核流程也不尽相同，例如，目前在农村土地经营权的转让上，可能会涉及当地林业局的审批等，这就意味着在整个交易管理系统中，会涉及当地其他部门的工作性质，目前广东省大部分农村产权流转科技服务平台在联络多部门工作的管理上形成了一套方案，其在农村产权流转的科技服务平台上也有相关部门的链接，从侧面反映了目前广东省农村产权流转科技服务平台在运作管理上重视多部门之间的管理协作，也说明，对于交易管理这个方面交易过程的管理是需要一套完善的系统进行支撑，这样才能更好地节约各级人员的管理时间，也可以避免纸张审批过程烦琐、冗长的问题。

另外，在整个运作管理机制中对于流程的可配置、订单可定制变得越来越关键。这样进行管理运作的好处在于一旦审批流程发生了变化，只需要在系统中进行流程的配置即可。任何一个系统一旦用起来就会随着业务的变化而发生变化，为了让卖方和买方都可以在这个方面得益的话，在运作管理中流程的可配置显得尤为重要。另外，针对农村产权交易管理系统的使用群体，其管理运作机制在初期实施是会产生一些协同性不足的情况，随后这些情况会使得农村产权流转科技服务平台在运作中出现矛盾，因此，农村产权流转科技服务平台管理系统的界面功能要简洁明了，方便使用。

在资金管理方面的运作上，在广东省农村产权流转科技服务平台中可以了解到实现农村产权流转交易在资金管理方面应给予重点关注，从经济学的角度，交易费用及买卖双方的信息等都会产生负的外部性和正的外部性。目前广东省农村产权流转科技服务平台在资金管理方面还稍有薄弱，相对于四川等较早启动农村产权流转科技服务平台来说，在资金管理方面亟待关注与加强管理。在资金管理中，包括了交易双方的资金出入管理、保证金管理、佣金管理等，良好的资金管理系统能够和交易系统及财务系统直接对接，实现线上资金直接划转，如买方在交纳保证金时，资金管理系统可以通过和银行或者第三方支付平台进行对接，完成划转资金的工作，从而省去买方跑银行转账，再到交易所入账的精力和时间。

另外，从广东省农村产权流转科技服务平台的建设发展来看，由于农村产权流转科技平台建设时间较短，其成交量和业务量不够大，可以考虑在成本节约的角度下获得一定的交易量后，再扩展资金管理系统。

三、科技服务平台建设情况

除了广东省，全国其他地方也在构建农村产权流转管理服务平台上，对广东省完善农村产权流转服务平台起到了借鉴作用。据悉，统一的农村产权流转科技服务平台是“互联网+农业的”数据入口。与广东省一样，江苏、四川、天津等地也在加快建设全省（市）统一的、分层次的农村产权流转管理平台。

江苏省《关于促进农村产权流转交易市场健康发展的实施意见》提出，建立信息互联，资源共享，覆盖省、市、县、乡镇四级农村产权交易信息服务网络平台。现阶段，要把县（市、区）级流转交易市场作为工作重点，带动镇级农村产权交易市场建设，建立和完善县、乡两级农村产权流转交易有形市场建设；省、市级原则上建立信息服务网络平台为主。四川省《关于全省农村产权流转交易市场体系建设的指导意见》提出，建设全省统一的信息系统和信息平台，与市、县交易平台联网运行，实现网上交易。具备条件的市（州）、县（市、区）逐步建立农村产权流转交易平台，乡（镇）设流转交易服务站。天津市《关于加快健全完善我市农村产权流转交易市场的意见》提出，兴建市、区县、乡镇三级平台，整合现有各级各类农村产权流转交易市场，形成统一规范的市场形式、交易规则、服务方式和监管办法。

可见在各地十分重视农村产权流转服务平台的建设工作中，尤其是对于如何通过科技服务和管理机制的建设、提高农村产权流转平台的工作中十分重视，结合互联网的发展加快对当地农村产权流转服务平台的建设工作。

广东省历来高度重视农村改革工作，特别是党的十八大以来，把农村改革摆到更加突出位置。2016 年 3 月出台的《广东省深化农村改革综合性实施方案》，细化 29 项任务，全面部署农村产权制度改革，重点是农村土地承包经营权等确权和农村产权监管工作。同时，承担推进 11 个国家级农村改革试验区建设任务。广东省农村综合改革的特色之一是注重基础性制度建设，其中农村产权制度建设是最重要的一项。

农村集体资产确权后的流转，需要搭建一个公开透明、制度完善、合法有序的平台。作为 2016 年广东“三农”改革的重头戏之一，全省统一的农村产权流转管理服务平台建设持续推进，并在年内完成“并网”。对于各地来说，建设统一分层、管理规范、交易有序、互联互通的农村集体产权流转平台是落实中央“1 号”文件的重中之重。

2016 年，广东全省被纳入土地确权“整省推进”试点后，为加快打造农村产权流转管理服务平台，广东省在同年 5 月 5 日召开的全省深化农村改革工作会议上公布 2016 年深化农村改革任务清单，特别提出，2016 年底前，建立全省统一的农村产权流转管理服务平台。已完成县镇平台建设的市县，要将平台延伸到省市一级，建立全省统一的农村流转产权管理服务平台。在农村集体资产集中在村民小组一级的地区，将平台延伸到村民小组一级，力争实现农村集体资产全部纳入平台监管和交易。

目前，广东正在打造的全省统一分层的农村产权流转管理服务平台，已成为创新农村治理、化解涉农矛盾、保护农民权益的重要保障，也是农村党风廉政建设的重要抓手。2015 年全省各级平台服务农村产权交易 19.7 万宗，交易金额约为 1466 亿元，普遍实现溢价交易。

2016 年初，广东确立了整合建立统一公共资源交易平台，以整合共享资源、统一制度规则、创新体制机制为重点，以信息化建设为支撑，不断提高公共资源配置效率和效益的目标。2016 年 3 月 22

日颁布的《广东省农村“两权”抵押贷款试点实施方案》，对 9 个试点县农村产权流转管理服务平台建设水平再加砝码，明确依托广东省农村“三资”管理平台等现有服务平台，继续深入推进农村集体“三资”清理核实工作，建立多级联网的农村土地产权流转管理服务平台。各试点县于 2016 年底实现县、镇、村三级农村产权流转管理服务平台全覆盖和互联互通。同时，试点地区还围绕农村产权流转管理服务平台，完善产权评估、交易、流转等服务功能。探索建立抵押物处置机制，鼓励通过平台挂牌流转等方式，帮助承贷银行实现抵押权。也就是说，平台不但要立足于“看门人”的监管角色，还要发挥好“中间人”的服务功能，让农村产权要素真正活起来，带动农民腰包真正鼓起来。

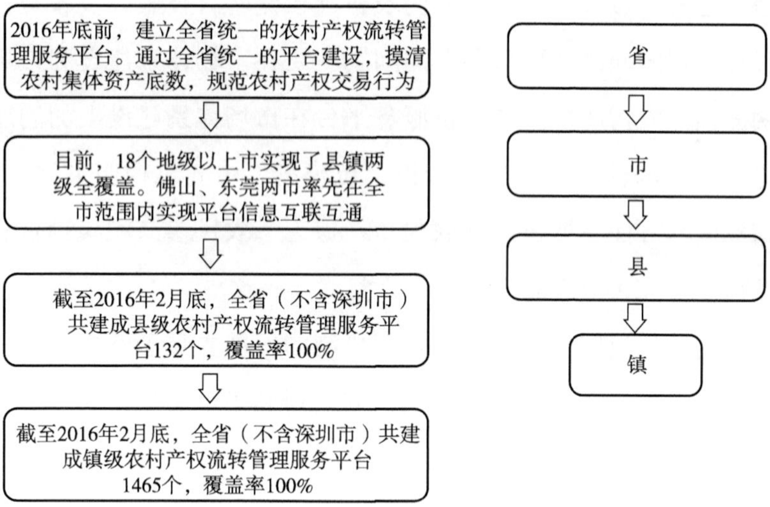

图 7-1　广东全省统一的分层农村产权流转管理服务平台架构

总的来说，目前广东省在农村产权流转服务平台的建设上正逐步走上便捷化、简易化、科技化的道路，在科技服务系统不断地提高农户在使用过程中的便捷感以及使用的满意度，在平台的科技服务和管理体制上通过互联网的渠道向更多的用户提供更加准确快捷的信息支持，从省、市、县、镇、村各级的农村产权流转管理服务平台上的建设，遵循从统一管理再到分级个性化管理，最终实现互联互通，根据不同层级对农村产权流转科技服务需要以及管理机制的调整，各级单位正在努力地将农村产权流转平台进行全覆盖，实施全范围内的信息互联互通。

四、存在的问题及发展趋势

（一） 存在的问题

广东省在发展农村产权流转科技服务平台相对于其他地区的建设速度是较为缓慢的，在目前的农村产权流转科技服务及管理机制上存在一定的问题，目前存在的问题主要在市场体系建设和市场配套两方面。农村产权流转科技服务平台在市场体系建设上的问题主要体现在市场性质不明确、产权定位模糊、中介机构服务缺乏等，在市场配套方面主要体现在农村资产匮乏、农民参与积极性低、相关法律不够完善等方面。

农村产权流转科技服务和管理机制的发展立足于整个市场体系的建设和市场配套，在这两方面的问题得到了解决后，农村产权流转科技服务平台的建设才会更加顺利。

1. 在农村产权流转交易体系建设方面

一是市场性质不明确。按照全面深化改革的要求，农村产权流转应日渐提上议事日程，但应当怎么提出，性质该如何定位，该定位为公益服务性质机构还是政府购买服务的经营性机构目前仍有争议。农村产权所有者虽然已经逐渐进入交易的活动中，但是由于他们自身对产权保护意识不强，又不愿意接受有偿服务，导致他们配合公开信息交易的意愿不高，对进入市场成为市场主体的动力远远不够。

二是农村产权定位模糊。农村产权流转服务平台绝大多数是依托政府职能部门设立，其设立是自上而下的，其同时兼有公益性服务职能和调解纠纷职能。现行法律规定，农村产权只有在产权性质明确后才能进行流转交易，但是我国农村集体用地等产权定位均处于一种模糊不清的状态，虽然我国在 2011 年 10 月发布的《关于加快推进农村集体土地确权登记发证工作的通知》中提及要对财产权进行定位，同时一些地区积极探索农村土地承包经营权、林权的抵押贷款业务，积累了宝贵的实践经验，但对于农村产权交易的推动作用实际效果并不明显。加之推行时间的限制，目前还有很多农村要素处于产权不清的情况，这就影响了其进行市场交易。

三是体现在中介机构服务的缺乏。为了实现农村产权流转、交易，对农村资产进行评估是必不可少的环节，以资产评估机构为代表的中介服务机构也应运而生。一方面，这种评估机构较少，使得农村产权交易无法及时进行，大大降低了农村产权进场交易的效率；另一方面，中介服务机构在提供市场服务的同时需要取得合理回报，然而农村产权交易服务本来就具有投入高、回报少的缺陷，农民对这一收费性服务又不甚了解，这一特点进一步延缓了农村产权交易的进程。在农村产权交易所扮演多种角色的情形下，如何对农村产权进行评估，其中介服务体系又该如何建立都有待商榷。

2. 在农村产权流转科技服务平台的市场配套制度方面

一是农村资金匮乏。虽然农村城镇化的进程越来越快，农民收入和生活水平都有所改善，但是相对于城市而言，农村在可用资金以及对资金的使用仍然处于劣势地位；而且，受到传统观念的影响，农民对投资的认识不足，农村投资回报率也远远低于城市水平。其造成的结果就是农户即使存在闲置资金也会流向城市，从而导致能够留存在农村供其进行交易的资金寥寥无几。这个情况间接地导致了农村的种粮、养殖大户无法贷款到所需资金用于扩展规模，在通过科技服务平台进行交易的过程中，由于资金不足而无法实现交易，大大地降低了农村产权流转的成交率。

二是农民参与积极性不高。由于农村产权交易主体不明确，农村对产权交易的理解不够，进行交易的意识薄弱，同时对于目前科技服务平台的操作及管理机制不太熟悉，造成了一部分农户因知识缺乏或操作不便捷等原因而不愿意花费时间或精力在这个事情上。另外，部分地方政府在农村产权科技服务平台的建设上缺乏相应的调整措施，对这一交易活动缺乏明确的规定，缺乏法律上的约束，使得农村产权在流转交易中存在法律上的障碍，导致农民对产权交易乃至农村产权流转科技服务平台缺乏热情。加之部分农村产权流转科技服务平台在保障进场交易农民权益，引导农民正确行使自己的权利方面缺乏相关的规定，农户在使用农村产权流转交易平台的过程中存在后顾之忧，因此，使用农村产权流转科技服务平台的积极性会减弱，这也间接地削弱了一些农户对进场农村产权流转科技服务平台的信心。

三是相关的法律及地方法规不够完善。在现有政策中，农村产权流转科技服务平台受到了越来越多的重视和支持，但是较多的农村产权流转科技服务平台缺乏权威性的法律或者制度的支撑，对具体交易规则、科技服务平台运作以及管理机制的法律性规定不足。大部分地区是依赖于上一级政府或单位的做法加之之前在类似领域的实践活动，存在较多经验主义行为，这使得农村产权流转科技服务在实践的过程中问题迭出。法律层面的缺乏，使得农村产权流转科技服务平台缺乏整体的指导，农民会担心在产权流转或交易的过程中存在违反法律法规的风险，加之农民对法律法规原有的认识不深刻，这在一定程度上影响了农户入市，也影响了农户使用农村产权流转科技服务平台，直接或间接地限制了农村产权流转的发展以及该科技服务平台的发展。

（二）发展趋势

广东省的农村产权流转科技服务平台虽然起步较慢，但是在近三年也取得了辉煌的成就，尤其在完善农村产权流转科技服务平台的建设上，按照目前的文献了解以及实践了解到的情况，广东省的农村产权流转科技服务及管理机制的建设存在以下的发展趋势。

1. 信息化与共享

广东省农村产权流转科技服务平台立足于科技创新与信息互通的基础上，结合互联网的发展趋势，农村产权流转科技服务平台将形成省、市、县、镇的有机互动和信息共享，各级以本单位的信息为基准进行精确的发布，再通过平台对信息的整合和发布，最大限度地发挥市场的作用，实现农村产权利益最大化，实现资产的保值增值。信息化也体现在对农村产权信息通过互联网的渠道进行发布，尽可能地利用信息平台的优势扩大浏览者对当地农村产权流转状况的认知，信息发布的及时性也可以很好地解决信息不对称的问题。

农村产权流转科技服务平台的建设同样也为农村产权流转信息的共享提供了可能性，不仅可以实时地了解到本省各级的情况，还可以通过共享的信息学习和借鉴其他省级农村产权流转科技平台建设的情况。

2. 服务规范化、标准化

在农村产权流转的过程中不乏中介服务的参与，在科技服务平台发布中介机构的信息，提供中介服务可以进一步加快农村产权的流转，但是，从上述的陈述中，我们也可以了解到目前的中介服务存在一定的问题。为了让农村产权流转科技服务平台实现更多的流转交易成交率，规范中介服务是十分必要的。目前广东省及其他地区的农村产权流转科技服务平台也发布了对中介服务机构的统一登记、全省发布、规范交易、科学决策的意见指导，最大限度地规范中介服务，避免农户在使用农村产权流转科技服务平台中的损失。运行以来，整个广东省农村产权流转科技服务平台就是一部完整的电子档案，存储着巨量的数据库。平台还增设价格预警机制，按月、季度、年等生成不同区域范围内各类农村产权种类及不同交易方式的平均成交价格，对于成交价远低于平均价的项目进行预警；建立交易操作规则，针对市场风险、信用风险、操作风险和道德风险建立防控体系，实现产权交易和风险管理同步开展。

广东省农村产权流转科技服务平台的服务体系建设和管理机制建设的标准化主要表现在基本服务、配套服务、专业服务、行政服务四个方面的标准化。首先，保障基本、配套服务的标准化交易，例如在政策咨询，协作产权查询，产权经纪人等标准化；其次，实证专业服务和行政服务上的标准化，例如由专业机构提供产权招标、财务顾问等，由行政单位提供产权变更、交易过程监督和管理等。

3. 政策引导针对化

农村产权流转科技服务平台及管理机制在服务的过程中离不开政府政策的支持，一方面政策的引导可以减少农户由于信息不对称造成的损失；另一方面政策的引导可以增加平台的可信度，增加农户的参与度。但是，在平台发布政策信息不能采取“一刀切”的引导策略，不同的地区在构建农村产权流转科技平台上具有自身的政策特色，既要注重政策方针的正确性引导，也要注重政策的细分和政策的针对性。

广东省农村产权流转科技服务平台在省级平台发布的信息主要针对的是整个省级单位在农村产权流转中的政策指导意见工作，再细分到市级、县级等地区的农村产权流转及其科技服务平台建设上的意见会有当地针对性的信息发布，例如，广州市黄埔区在 2018 年 5 月正式投入使用农村集体资产交易服务区，虽与农村产权流转科技服务平台有所差异，但其本质也是在为农村产权流转提供相应的针对性指导。

4. 信息公开透明化

信息公开透明化的发展趋势得益于互联网的发展以及农户使用网络习惯的培养，广东省农村产权流转科技服务平台从省域交易平台层面建立全省统一的信息系统，利用云计算技术实现信息发布、交易和竞价等功能。一个平台多租户同步使用。各级也实现了农村产权流转科技服务平台的建设，最大限度地实现了信息的公开透明化，避免了没有科技服务平台建设时暗箱操作的情况，更好地维护农民群众的合法权益，减少不必要的纠纷。同时信息完全覆盖到农村产权流转的全过程，如意向报名时，提供严格的市场准入审查，确保不合规范、不诚信的个人或单位无法进入市场交易；组织工作中，对招标、竞价的全过程进行详细记录，确保交易过程的合法性，也便于实时预警和事后监管。

5. 程序、操作简易化

广东省农村产权流转科技服务平台考虑农户的使用习惯和平台

操作的高效性，在程序和操作上将会有更为简化的趋势，在功能管理上也增加了对不同单位的链接，增加平台的可操作性；在操作流程上也针对用户的需求进行了简易化，例如，阳江农村产权科技服务平台（如图 7-2 所示），在这个系统做的是减少对指定浏览器的依赖，增加了功能模块的内容，清晰的管理流程和操作方式使更多的农户愿意参与到农村产权流转科技服务平台的建设中。

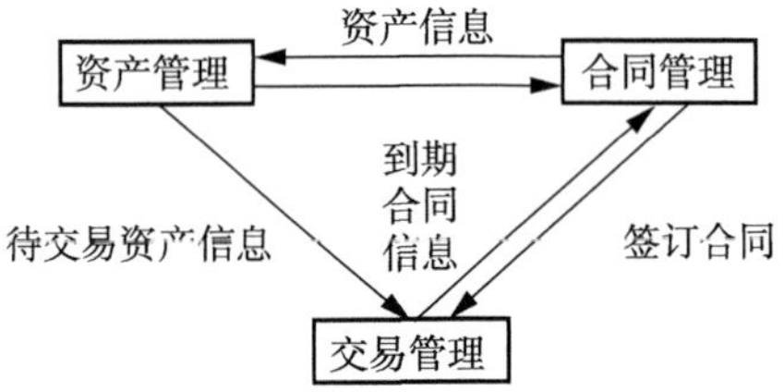

图 7-2　阳江市农村产权流转科技服务平台系统业务流程

第二节　基于科技服务支持的农户产权流转的经济行为特征分析

近年来，农村产权制度改革进程逐渐加快，农村资产资源的流动也越来越频繁，作为资源流动的平台和枢纽，农村产权交易市场的建设以及农村产权流转科技服务平台的构建被提上日程，全国许多地区都在着手建设本区域的农村产权交易所以及上线农村产权流转科技服务平台。目前，广东省多地的农村产权流转科技服务平台已经建成并运行，各地级市单位也在逐步推进和支持县级、镇级单位的农村产权流转科技服务平台的建设，形成多层级的科技服务平台。

本调查团队从产权理论、交易费用理论等出发，研究农村产权流转服务平台的发展趋势，整体把握农户在使用广东省各地区的农村产权流转科技服务的经济行为特征，对不同的主体进行相关的调查，着重从土地流转的角度，对农户进行问卷调查。

一、理论研究

（1）产权理论

产权是现代社会和经济的基础性概念，对于构建现代社会和维持经济运行秩序至关重要，是研究经济社会运行必不可少的方面，产权理论是现代制度经济学中最重要、最基础的内容。本研究结合课题的研究需要及国内学者在该领域的研究，阐述如下：

产权的概念最早形成在西方经济学中，美国经济学家 Iriving Fisher（1923）认为产权不是一种物质或者物品，而是一种抽象的社会关系。英国经济学家 Ronald H. Coase（1937）发表的“企业的性质”一文标志着产权理论的产生，并在后期的文章“社会成本问题”中阐述了产权及其在经济发展中的作用、对社会资源配置的影响等，后人将他的研究总结为“科斯定理”。该定理的核心在于“一切经济交往活动的前提是制度安排，这种制度实际上是一种人们之间行使一定行为的权力。”S. Pejovich（1990）指出产权是因为存在着稀缺物品和其特定用途而引起的人们之间的关系。Y. Barzel（1990）从法律的角度来解析产权，他认为人们对不同财产的各种产权包括财产的使用权、收益权和转让权。A. Alchian（1977）认为产权是授予特别个人某种权威的办法，利用这种权威，可以不从被禁止的使用方式中，选择任意一种对特定物品的使用的方式。当代学者菲鲁博腾强调产权不是指人对物的关系，而是人与人之间的关系，认为产权的本质是社会关系。

近年来，我国学者对产权理论也提出了自己的见解。早期探索者、经济学家刘诗白（1993）认为财产权简称产权，是主体拥有的对物和对象的最高的、排他的占有权。经济学家于光远认为产权就是所有权，它是某个主体拥有作为财产的某个客体所得到的法律上的承认与保护。张维迎（1995）认为财产所有权是指对给定财产的占有、收益和转让的权利。张五常（2002）认为不应该完全从所有权出发来阐述产权的概念，因为“所有权”可有可无，他认为应该从具体功能和作用的角度来理解和阐述产权，具体来讲，产权包括私有使用权、自由转让权和收入享受权。

从农村产权流转科技服务平台的研究对象来说，本研究将产权归纳为主体对客体享有占有、使用、处分和收益的权利，其本质是人与人之间形成的社会关系，产权的具体属性由社会所有者的形式决定。农户参与农村产权流转科技服务平台的活动，主要是将自身拥有的农村产权要素整合投放在科技服务平台上，对产权进行一定的公示和说明，并且将其放于农村产权流转科技服务平台进行交易。

（2）产权交易相关理论

农村产权流转科技服务平台的运行和管理离不开在该平台进行产权交易的支持，其中农户的交易行为会立足于产权交易的相关理论开展。产权交易指产权所有者将其对拥有资产的所有权和经营权全部或者部分有偿转让的一种经济活动。与普通商品的买卖类似，农村产权流转要遵循一定的原则，其中最基本的就是等价交换，产权交易的等价性一般通过货币来衡量。产权交易包括对资产所有权的让渡和对资产经营权的交换。

产权交易的对象本身不是商品，而是资本，是资本的所有权和经营权，是资本的组合方式和运作方式。产权交易本身是一种市场行为，但跟一般的物品交易市场不同，产权交易需要一个专业的市场，能够合理评估产权的“价格”区间，让“购买者”公开公平地竞争，最终完成交易。对于如何构建一个产权交易市场，构建什么性质的产权交易市场，相关理论研究主要集中在处理好市场与政府在产权交易市场，乃至交易科技服务平台上的运作。王彪（2002）认为政府不能替代产权交易市场，应实现产权交易管理职能和经营职能的分离，政府应为产权交易制定宏观政策和法规，将产权交易的经营职能剥离出来。孙启明（2005）建议成立公司制的产权交易机构，这样不仅能够避免政府机构产生“权力寻租”问题，而且有利于按市场规律办事、优化资源配置、提高资源使用效率。

郑康营（2004）认为，比较科学和合理地提出产权交易市场或者产权流转服务平台应建立三个层级的市场体系，第一层级是产权交易市场的监管部门；第二层级是产权交易市场的实际组织者；第三层级是产权交易市场的竞争者。

综上所述，农村产权流转或交易在体系建设上应该由产权交易监督管理机构、产权交易平台、产权交易主体和相关配套机构组成。产权流转科技服务平台必须具有相关的硬件性条件和健全的交易规则，避免纠纷调解等制度体系。产权交易主体无论是财产权交易所还是农村产权流转交易平台均包括产权的出让方和受让方。相关配套机构包括产权评估、法律服务、担保、抵押融资等跟农村产权交易密切相关的中介机构或者金融机构，这一类群体也可以视为农村产权流转科技服务平台中的中介组织。

（3）行为经济学理论

本章节主要是探索支持科技服务的农户的经济行为特征，农户行为理论研究专家舒尔茨在其出版的《改造传统农业》一书中提出关于对农户行为的界定论述，即农民是理性的，并不像所认为的那样愚昧无知，他们能够通过自身努力，迅速地对市场价格的波动做出较为有效的反应，从而促使生产要素等资源达到优化和合理配置，这也是为什么传统农业难以实现资源的有效配置。然而针对农民无储蓄倾向问题，舒尔茨认为主要在于农民缺乏投资机会。

另外，效用理性假设观点也得到了人们广泛的关注。该假设是以蒙西为一部分经济学家提出的，该假设认为人的理性不可能是无限的，而是有限的，这样就导致了人们在有关决策过程中只能获得满意解，而非最优解，原因在于他们在决策过程中，效益和成本因素会制约他们的决策，使决策陷入局限性的境地，从而无法理性地选取最优方案，只是选取较为满意的方案。

“经济人”最早由英国著名经济学家亚当·斯密提出。他认为利益最大化的潜能和欲望是人类共有的特点，只是由于周围习惯势力和政府或者政治形态的制约才有所收敛，没有完全发挥出来。“经济人”假设是指个体行为的基本动机，即追求自身效用或者利益的最大化。也就是说，在某项经济活动中，当面临若干不同的选择时，人们总会偏向于选择能够为自己带来更大经济效益的选项，即可以认为是一种“趋利”行为。农户参与农村产权流转科技服务平台，实现农村产权流转的过程离不开对自身最大利益的追求，由此来决定农村产权流转的方式和方向。

（4）效用理论

农户在参与农村产权流转科技服务平台的过程中会通过效用来度量自己的价值观念。在面临分配或者选择时，即使是对于同一事物，不同的人也会有不同的价值态度，这是人作为行为主体与其他个体在价值观念上存在的差异。效用理论的一个重要内容是偏好理论，该理论被应用于各大学科领域。作为现代科学体系的一个重要概念，效用理论在决策科学和经济科学这两个重要领域中具有良好的发展前景。

支持科技服务的农户在开展农村产权流转服务时同样也在度量自行进行交易与参与科技服务平台之间的区别和两者的效益，利用效用理论对两种交易方式进行判断和选择。

（5）信息不对称理论

信息不对称理论主要是指在市场经济活动中，不同的市场交易参与者对市场信息的了解和掌握的程度存在差异，掌握信息比较充分的人员，往往处于比较有利的地位，能够获取较多的利益，而信息缺乏者，处于比较不利的地位，容易在交易的过程中受损。该理论揭示了市场体系中的缺陷，纠正了传统的经济学理论对信息完全的假设，指出了真实世界中信息不对称普遍存在。在农村产权交易市场中也存在大量的信息不对称现象，造成信息不对称的原因是多方面的，既有信息传播渠道不畅通、交易双方实力不对等的原因，也有农村产权确权不到位、信息公布不及时等原因，不仅给产权交易造成了障碍，也容易损害农民的合法权益。

关于信息不对称产生的原因，叶艳鸣等总结了十大原因，其中包括信息产生的普遍非均衡性是导致信息不对称的根源，社会分工导致信息不对称现象愈演愈烈，信息指数增长加剧了信息不对称，信息传播的有限性导致信息时空分布存在广泛的不对称性，政治因素人为地导致信息不对称、经济因素催化了信息不对称的马太效应、信息能力的差异加重了信息不对称传播，知识产权保护制度强化了信息不对称现象，信息技术发展与应用的不平衡加深了信息的不对称分布，信息交流语言障碍导致全球范围的信息不对称日益严重。

目前，农村产权交易市场发育不成熟，存在较为严重的信息不对称现象，对于起步更晚的农村产权流转科技服务平台来说，更存在这一现象，具体的原因可以概括为：一是农村产权的不完整性，这是产生信息不对称的根本原因。对于农村产权流转科技服务平台来说，农村产权的完整性直接影响到平台的科技服务和管理机制的运行。更由于产权的不完整，交易各方对产权的理解存在偏差，导致了信息的不对称。二是农村产权交易中的委托代理导致了信息不对称。目前较多的农村产权科技服务平台上进行交易的农村产权，多采取委托代理制，一方面是委托相关的科技公司进行农村产权流转科技服务平台的构建和管理，另一方面是利用科技服务平台中需要信息的传递时间，间接地造成了传播上的信息不对称。三是农户获取信息能力较弱导致了信息不对称。虽然目前农民普遍会使用即时通信、网络等方式获取信息，但是除了部分新型的职业农民，持有农村产权的农民多为接受教育程度较低的群体，对现代新型技术的掌握能力不足，在获取交易信息上存在天然劣势，不可避免地会带来信息不对称。

农户参与农村产权流转科技服务平台中，农户是信息弱势方，往往会成为信息不对称的受害者。在团队展开调查时可以了解到，农户在参与农村产权流转科技服务平台进行农村产权信息发布、交易等过程中，农户的参与程度不高，对于信息发布的内容关注程度较低，在实际进行流转的过程中较多项目比较含糊，对于自己的信息管理及新信息获取的途径比较狭窄。这就导致了部分农村产权流转不顺畅，在运作科技服务的过程中不流畅等情况。信息的不对称，同时也造成了很多农户将农村产权信息发布到网络而导致受到资源损害等情况，农户整体参与农村产权流转的科技服务热情不高，间接地引致科技服务平台的管理机制运作难以开展。

（6）博弈论

博弈论主要研究公式化了的激励结构间的相互作用，通过分析博弈参与者行为之间存在的相互影响，以及由此导致博弈者之间产生竞争，研究参与者在包含相互依存情况下的理性行为。20 世纪 60 年代末，博弈论被引入农业经济研究领域。进入 21 世纪后，学者开始运用博弈论研究我国农地产权制度、农地流转模式等具体问题。被用来分析国家、地方政府、基层政府、农村集体经济组织、农户、农业企业等主体之间围绕土地利益展开的行为。就农村产权流转中农地流转的博弈进行研究，王颜其、郭翔宇（2010）进行了“反租倒包”农地流转中农户博弈行为特征分析，汪衍玉（2012）基于动态博弈的视角构建了土地流转的一个简单的动态博弈模型，比较了平台组织参与前后两种情况下的农户收益，从而论证了平台组织在土地流转过程中起到关键作用。

基于农户视角下研究农村产权流转科技服务可知，农户会选择参与政府型的农村产权流转科技服务平台，在其中参与统一的管理，接受一致的服务，但通过交谈发现，农户会有自发的流转方式，这就使得农户在两者之间开展了博弈选择。

二、农户经济行为的描述性分析

在农村各类资产资源中，土地是核心，本研究团队以农村产权科技服务中的土地流转作为切入点，就农村土地流转情况了解农户在应用科技服务平台过程中的情况，摸索具体的应用服务情况及管理运作情况。

（一）农户基本特征

在被调查的对象中，涉及政府主导型流转农户和私下自由流转农户，政府主导型主要指目前农村产权流转科技服务平台，私下自由流转平台由农户自行组建。其中女性占60%以上，这可能与农村男性劳动力外出务工者居多有关，留守农村的主要是女性劳动力，自然家庭户主呈现以女性为主。

就农户非农收入分析，被调查的农户中常年以农业收入为主的比例较低，仅有22%，就是说，当期以纯农业收入的农村劳动力仅为农村劳动总量的1/5，绝大部分农户都摆脱了纯农业收入，呈现多元化的趋势，兼业者占1/3，以非农就业为主的占1/3，完全摆脱农业收入从事二、三产业的农村劳动力超过1/10。这主要得益于近几年来城乡经济快速发展，城市吸纳农村劳动力能力增加，农村二、三产业发展，提高了农业劳动生产率。尤其是广东省在各地区推行城乡统筹综合改革以来，农村产权制度改革等一系列体制制度创新，城乡一体化发展格局基本形成，促进了农村劳动力流动。

从农户文化程度及教育年限来看，具有中等职业教育及以上的占1/5，其中有2%的农户具有高等教育文化。这与近年来鼓励高校毕业生到农村就业、创业的积极政策密不可分。随着城乡统筹发展纵深推进，新型农业经营主体逐渐呈现，必将会吸引一批又一批具有高等教育背景的青年到农村大展宏图。

表7-1　样本农户基本特征

指标类型	流转类型	选项	比重（%）
性别	政府主导型	女性	48
		男性	52
	私下自由流转	女性	63
		男性	37

续表

指标类型	流转类型	选项	比重（%）
收入类型	政府主导型	农业或以农业收入为主	22
		兼业	32
		非农业或以非农业收入为主	46
	私下自由流转	农业或以农业收入为主	23
		兼业	45
		非农业或以非农业收入为主	32
文化程度及教育年限	政府主导型	九年义务教育以下	34
		中等职业教育或相当教育	42
		高等职业教育或相当教育	24
	私下自由流转	九年义务教育以下	39
		中等职业教育或相当教育	61
		高等职业教育或相当教育	0

数据来源：问卷调研整理所得。

（二）　农户对农村产权流转的参与问题

虽然土地流转本身是一种产权交易类型，但不等同于农村产权交易的全部，对于广大的农户来说，农村产权流转科技服务是一种新鲜事物，就算是农村产权交易也是一种新颖而有些陌生的概念。为了准确地掌握农户对农村产权科技服务交流的看法，笔者在问卷调查时首先对农村产权交易进行了解释，保证农户在理解的基础上形成问卷。本团队主要的调查对象集中于广东省，主要是广州市、东莞市、阳江市、江门市、清远市 5 个地区，共计对 300 户农户进行了问卷调查，其中已在农村产权流转科技服务平台上发布信息的有 195 户，未参与的有 105 户，成功进行了交易的有 85 户，现对问卷进行归纳分析。

在询问农户“参与农村产权流转的原因是什么，坚持不参与农村产权流转的原因是什么”，有 72%以上的农户表示参与农村产权流转的原因主要是政府政策的引导；12%的农户表示参与农村产权流转的原因在于自身家庭的人力资源不足；7%的农户表示由于村内有同伴参与了农村产权流转而获得了可观收入；3%的农户表示参与农村产权流转的原因在于其他因素，见表 7-2。坚持不参与农村产权流转的原因，归纳起来有 18%的农户认为流转交易价格过低，不能保证卖方收益；25%的农户表示目前国家乃至地方都十分支持农业的发展，但是缺少满意的流转途径；32%的农户表示参与土地流转会比较担心失去生活的保障；10%的农户表示对其拥有的农村产权有感情依赖，并不愿意将其流转交易，尤其是在土地上；仅有 5%的农户说明了其他的原因，见表 7-3。

表 7-2 农户流转农村产权的原因

原因	政策引导	家庭人力资源不足	效仿学习	其他
户数（户）	140	35	14	6
比例（%）	72	18	7	3

表 7-3 农户拒绝流转农村产权的原因

原因	流转价格低	缺少满意的流转途径	担心失去生活保障	感情依赖	其他
户数（户）	20	28	35	12	5
比例（%）	18	25	32	10	5

结合表 7-2、表 7-3 的数据，可以说明几个问题：一是广东省农村社会保障仍不健全；二是广东省目前仍缺乏让农民满意的农村产权流转方式；三是普通农户（特别是年龄较大的农户）对于农村产权的感情深厚，尤其是对土地的依赖依然比较严重；四是广东省各地区农村产权在市场上差距较大，缺乏统一的标准。

另外，本团队通过调查问卷了解到，选择流转价格低的农户其所在的村落基本没有引进大型农业企业，尤其在进行土地流转的过程中，村里已流转土地的农户绝大部分将其给亲朋邻里耕种，缺乏满意的流转途径。

（三）农户对农村产权流转科技服务平台的参与问题

在询问“农户对农村产权流转科技服务平台参与问题”时，首先了解农户对农村产权交易所的认识程度，其次再去了解对于农村产权流转科技服务平台的理解和认同度。

表 7-4　农户对农村产权交易市场的知晓统计

知晓情况	没有听说过	听说过，不熟悉	熟悉
户数（户）	80	95	125
比例（%）	26	32	42

表 7-5　农户对农村产权流转科技服务平台的必要性统计

必要性	很有必要，大势所趋	无所谓	没有必要
户数（户）	170	45	85
比例（%）	57	15	28

表 7-6　农户参与农村产权流转科技服务平台的意愿统计

参与意愿	愿意	不愿意	随大流
户数（户）	125	68	107
比例（%）	42	22	36

表 7-7　农户对农村产权流转科技服务平台的科技服务及管理机制满意程度打分统计汇总

打分	科技服务（个）	比例（%）	管理机制（个）	比例（%）
5（科技服务到位，管理机制完善）	128	43	89	30
4（科技服务到位，管理机制有待完善）	56	19	78	26
3（科技服务有待加强，管理机构十分不完善）	62	21	64	21
2（科技服务不完善，管理机构十分不完善）	38	13	50	17
1（科技服务不完善，管理机构不完善）	14	4	19	6

由表 7-4 的数据可知，当前广东省被调研地区的农户对于农村产权交易市场的知晓情况比较理想，这也得益于广东省在近几年对

农村产权交易宣传工作的开展，得益于对农村产权确权等工作的落实。从数据上可知，有42%的农户对于农村产权交易是知晓的，农户参与农村产权流转科技服务平台的前提条件是认识并进行农村产权交易，才会有参与该科技服务平台的可能性。其中有32%的农户知晓农村产权交易，但是并不熟悉，这也是农村产权流转科技服务平台建设的目的之一，即为了让更多的农户知晓农村产权流转或交易信息的存在，方便卖方和买方获取到足够的信息，进行相关的交易。同时，应用信息不对称的理论可知，目前广东省农户对于农村产权交易的信息是处于信息不对称的状态，仍然需要科技服务平台的信息支持服务。

由表7-5的数据可知，农户对农村产权流转科技服务平台的必要性评价中，有57%的农户认为该类科技服务平台有存在的必要性，其中的原因也可以归结到农户对信息获取以及交易活动追求信息的即时性、准确性，交易活动的流畅性，再者，随着互联网与手机网络的高速发展，农户可以便捷地从农村产权流转科技服务平台上了解到农村产权交易的相关信息与政策内容；当然，也有28%的农户认为该类科技服务平台的建设没有什么必要，从调研的对象反馈中可知，选择该选项的农户主要是出于自身可以完成农村产权交易，对将信息放于网络公布于众的方式以及不太会操作等因素考虑。农户从“经济人”的角度出发想要在农村产权流转的过程中获取更多的效益是合理存在的，因此，出现为保护个人的农村产权利益而选择不使用或视该类平台无用等情况。

表7-6中的数据展示的是农户参与农村产权流转科技服务平台的意愿调查，这部分是结合表7-4的问题进行了进一步的讨论。在调查研究中可以发现，农户对于自己可以将农村产权信息发布到正

规的政府购买的服务平台表示十分认可，主要是农户会认同政府购买的相关机构，他们可以减少心理成本继续进行购买；另外，农户也会受到第三方群体乃至更多地与从事了该类型服务的群体进行沟通与交流，吸引了更多的农户参与农村产权流转科技服务。其中有42%的农户表示有意愿参与农村产权流转科技服务平台；36%的农户会选择“随大流”静观其变，如果有农民群体在该类科技服务平台上获利，则会有意愿参与投入；22%的农户认为没有科技服务平台与具备科技服务平台没有什么区别，选择了没有意愿。

表7-7是团队调研中从农户的视角去分析目前农村产权流转科技服务平台的科技服务及管理机制，通过打分的方式去了解农户的满意程度，其中有43%的农户对目前农村产权流转科技服务平台的科技服务表示科技服务到位，30%的农户对其管理机制表示机制完善，但是仅有不足50%的农户对两项指标表示都满意，说明当前农村产权流转科技服务平台尚不能满足农户的需求。同时在调研中可以了解到农户对于当前提供的科技服务和管理机制表示稍有复杂，农户在除了管理农村产权流转事项外还需要顾及农业生产，因此在运用农村产权流转科技服务平台上操作不熟练，对相关的服务及管理机制了解不深刻，很难对其进行打分。

（四）影响农户选择农村产权科技服务平台因素的描述性特征

就选择不同流转科技服务平台的影响因素而言，农户主要是基于不同目的而为之。本问题多为多项选择题，归纳起来如下。

1. 农户会选择私下流转平台主要是基于以下几点考虑

一是顾虑土地等农村要素被政府收回或变相收回的比较多，超过60%，尤其在流出农户中普遍存在这种认识，比例高达65%。这反映了农户对当前的农村要素流转新政策了解不够，还存在传统的认识，也可能是侵害农户要素权益的事件屡有发生，导致农户对农村产权的流转存在疑虑。

二是选择手续简单，流转方便。选此项的农户高达66%。这反映了当前“三级”流转服务平台体系未能深入农户，农户经过政府主导型流转交易成本大，从而阻碍了农户的积极性。在部分偏远地区，网络信息连接不顺畅，农户在参与政府型主导的农村产权流转科技服务平台时，手续繁杂，确实存在流转过程复杂的现象。

三是也有部分农户表现对政府工作的不信任，主要是县乡政府，有接近1/3的农户选择了“私下流转有保障”，认为不通过科技服务平台，而自己通过熟人介绍流转农村产权尤其是土地，既可以实现对农村产权的占有，也确信熟人会按合约给予租金。这种情况的发生，不仅与县乡政府忽视农户利益有关，也与传统的乡情邻里文化有关，农户对契约社会尚有待进一步认知。

另外，部分流出农户认为选择私下流转可以得到更多的流转金额，而流入农户选择私下流转能以较低的金额流转，大约有10%的农户出于被迫而选择了私下自行流转。

2. 选择政府主导型的即农村产权流转科技服务平台的农户主要基于以下几点考虑

一是安全有保障。100%的农户认为，选择正规平台流转可以获得稳定的契约关系。对于流出农户而言，可以获得稳定的流转收入，尤其是土地收入，降低政策风险；对于流入农户而言，既可以降低政策风险，也可以提高农户履约意识，降低履约风险。这也正是政府构建“三级”流转平台体系的初衷。

二是获得政府的信任。有36%的农户认为，通过农村产权流转科技服务平台，正规的渠道可以提高政府对其信任，进一步获得优惠政策，产生这种认知的原因可能在于“三级”流转平台是有政府支持或政府购买搭建的，其工作人员多为政府工作人员，给农户以政府行为的认知，获得政府信任，并获取优惠支持，是农户一种正常的心理。

三是农户选择是一种被迫行为。11%的农户选择了是被强迫的，农村产权流转是一种交易行为，也是一种资源行为，政府是尊重农户自我选择的，但是对于流入农户而言，政府给予农村产权用途管制和确保流出农户利益等考虑，往往会对流入农村要素的行为加以限制，主要是流转手续等约束。

（五）农户农村产权流转平台选择的实证分析

1. 模型的选择

本研究着重揭示农户选择政府提供的农村产权流转科技服务平台与私下自由流转平台的影响因素，为完善农村产权流转科技服务平台和管理机制提供现实依据，调查中的数据满足 logistics 模型的变量要求。

Logistics 模型是 Luce（1959）根据 IIA 特性首次导出的，是最早的离散选择模型，也是目前应用最广的模型。Marschark（1960）证明了 logistics 模型与最大效用理论的一致性；Marley（1965）研究了模型的形式和效用的非确定项分布之间的关系，证明了极值分布可以推导出 Logit 形式的模型；McFadden（1974）反过来证明了具有 Logit 形式的模型效用的非确定项服从极值分布。

由于概率表达式的显性特点，模型的求解速度快、方便，logistics 模型应用广泛。根据因变量取值类别的不同，logistics 回归可以分为 Binary logistic 回归分析和 Multinational logistics 回归分析，前者因变量只能取 1 和 0（虚拟变量），而后者因变量可以取多个值。

本书分别考虑影响农户农村产权流转的政府主导型科技服务平台和私下自由流转的因素，因变量为“政府主导型”或“私下自由流转”，所以在这里采用二元逻辑回归（Binary Logistic Regression）进行分析。

logistics 概率函数的形式为

$$P=\frac{EXP(Z)}{1+EXP(Z)}$$

式中，Z 是变量 Z_1，Z_2，…，Z_i 的线性组合。

$$Z=b_0+b_1X_1+b_2X_2+\cdots+b_nX_n=b_0+\sum_{i=1}^{n}b_iX_i$$

在 logistics 回归分析时，要进行 P 的 logistics 变量分析，即

$$\log_{it}P=\ln\left(\frac{p}{1+p}\right)=b_0+\sum_{i=1}^{n}b_iX_i$$

式中，“P”是 logistics 概率单位。

基于上述分析，构建农户选择农村产权流转平台模型如下：

$$Y_i=\partial_i+\sum_{i=1}^{n}\beta_{ij}N_i+\sum_{i=1}^{n}\delta_iH_j+\varepsilon_i$$

式中，$i=1$，2 分别表示正规和非正规模型，表示因变量，表示农户参与了农村产权流转行为；N_i 表示一组与非农产业有关的自变量；H_j 表示一组与农户特征有关的自变量；∂_i 表示常数估计项；ε_i 为误差估计项。

值得注意的是，Y 为一个定性的二分变量，若农户发生了农村产权流转行为，因变量为 1；若没有发生农村产权流转行为，因变量为 0，建模采用了以下几种方式：

①政府主导型流转模型（即各地地方农村产权流转科技服务平台）：因变量赋值规则为当农户通过政府主导型流转时，因变量赋值

为1；当农户通过私下自由流转时，因变量赋值为0。

②私下自由流转模型：因变量赋值规则为当农户通过私下自由流转时，因变量赋值为1；当农户通过政府主导型流转时，因变量赋值为0。

2. 计量模型估计结果及讨论

应用SPSS24.0中的二元逻辑回归处理结果见表7-8。

表7-8　logistics回归模型分析结果

自变量	政府主导型流转模式			私下自由流转模式		
	B	Wald	EXP（B）	B	Wald	EXP（B）
政策激励	0.265	1.406***	1.68	2.068	4.521**	0.022
契约规范性	-0.247	0.943	0.791	0.368	0.031	1.434
身份特征	0.185	0.191	1.206	1.18	5.797*	3.254
文化程度	-0.211	0.88	0.812	1.052	11.93	2.861
户主职业类型	1.009	3.196*	2.744	0.421	0.685	1.523
非农收入比例	2.921	5.765**	18.57	-1.989	5.71**	0.134
非农就业水平	0.391	0.209	1.545	0.27	0.447	1.681
经济发展水平	0.917	1.561*	1.462	0.739	1.651**	1.791
政策认知程度	1.021	2.171	2.777	20.068	0	5.19
流转面积（以土地流转为例）	0.041	0.203	1.037	0.171	4.696	1.188
流转期限	-1.463	9.502***	0.231	0.121	0.785	1.131
服务平台功能与运行状况	0.147	3.41**	1.158	0.007	0.019	1.007
是否有配套服务	0.405	0.246	1.501	-3.962	9.426**	0.021
常数	-5.429	10.122	0.004	-19.804	0	0
卡方	62.363（14）			61.36（14）		
-2LL	153.018			141.828		
Cox&Snell	0.274			0.27		
Nagelkerke	0.409			0.417		
预测正确率（%）	83.10			84.10		

注：B是回归系数，***、**、*分别代表在1%、5%、10%的水平上显著。

①政府主导型（农村产权流转科技服务平台）模式计量分析

结果

从运算结果来看，影响因素与政府主导型流转平台呈正相关并且统计上显著的主要指标有非农收入比例、户主职业类型、经济发展水平、非农就业水平、政策激励和服务平台功能与运行状况等。如果以显著性排序，上述指标则依次为政策激励、非农收入比例、服务平台功能与运行状况、户主职业类型、经济发展水平、非农就业水平，这说明，经济发展水平、政策激励、农户职业类型和服务平台功能与运行状况等是农户选择政府主导型流转平台的积极影响因素。同时发现，影响因素与政府主导型流转平台呈负相关并且统计上显著的主要指标是流转期限，而且非常显著。呈现负相关的还有契约规范性、文化程度，由于在统计上并不显著，本研究暂不讨论。另外，身份特征、文化程度、流转面积等变量，配套服务和农户对政策的认知程度等指标不显著。

上述结果说明，与预期一致，积极的鼓励政策会提高农地流转双方的预期收益和现实收益，提高流转主体参与农地流转的积极性。以农村土地流转在政府主导型即农村产权科技服务平台流转为例，经济发展水平是产生级差地租的条件，一方面，提升二、三产业吸纳农村剩余劳动力的能力，增加流转供给；另一方面，提高农业资本的投资收益，增加流转需求。农地流转供求双方需求增加，从而加快了农地流转。从政府主导型流转模型验证结果来看，鼓励政策、经济发展水平和农户身份类型等指标与选择政府主导型流转呈现显著的正相关关系。因此，应加快经济发展，培育新型农业经营主体，转移农村劳动力，提高非农业收入比重，提高农户选择政府主导型流转的可能性。身份特征、文化程度、流转面积等变量，在政府主导型流转模型中不显著，说明家庭特征在政府主导型流转模型中不显著。另外，流转期限与农户选择政府主导型流转平台呈现显著的负相关关系，说明流出农户担心一旦长期流出农地，可能影响到将来要回土地承包权的实现；流入农户担心承包关系政策变化。故而，流转期限越长，农户越不希望通过政府主导型平台流转。这种认知的根源还是在于农户对土地新政策不够理解。另外，流转面积与农户选择政府主导型流转平台关联性不显著。

②私下自由流转模式计量分析结果

从运算结果来看，影响因素与私下自由平台呈正相关并且统计上显著的主要指标有政策激励、身份特征、文化程度、经济发展水平和流转面积等，如果以显著性排序，上述指标则依次为文化程度、政策激励、身份特征、经济发展水平和流转面积等。同时发现，影响因素与私下自由平台呈负相关并且统计上显著的主要指标有是否有配套服务和非农收入比例。而契约规范性、户主职业类型、非农就业水平、流转期限、服务平台功能与运行状况和私下自由平台之间相关性不强。

上述分析说明，积极的鼓励政策、经济发展水平、流转面积等指标与私下自由流转呈现显著的正相关关系。说明了加快地区经济发展，不仅可以促进政府主导型流转，也可以促进私下自由流转。但是，与政府主导型流转模式不同的是，身份特征、文化程度与私下自由流转呈现显著的正相关关系，说明了家庭特征与私下自由流转关联性强。这与现实生活中是一致的，私下自由流转往往都建立在熟人社会基础上进行，流转双方彼此信任，促进了土地流转。非农收入比例和政府主导型流转平台是否具有配套措施与私下自由流转呈现显著的负相关关系。非农收入比例在水平上通过显著性检验，政府主导型流转平台是否具有配套措施在水平上通过显著性检验。

这与现实也是相符的。说明了随着非农收入增加，农户越来越愿意选择政府主导型流转平台。政府主导型流转平台具有相应的配套服务，无疑会提高农户选择政府主导型流转平台的积极性。

第三节　制约广东省农村产权科技服务和管理功能有效运转的障碍性因素及作用机理分析

一、障碍性因素

（一）体制机制障碍

1. 法律法规方面

近年来，广东省多个地方已在探索开展农村产权流转科技服务平台的构建，但是法律法规的滞后是这项工作面临的最大障碍。一方面，立法滞后，对一些新生事物没有及时制定出相关的法律法规。如关于农村产权流转中农民集体资产的股份问题，农民对自己持有的股权是否可以抵押、担保、继承、赠予，受让人需要什么资格等都没有规定。而实际中股权的交易已经存在，如果出现了纠纷，就会缺乏法律法规的支持。另一方面，法律修订之后，许多有关农村产权流转科技服务平台构建及后续发展问题的法律法规规定的时间过长，没有根据经济社会发展需求进行及时的调整和完善，使其落后于实际需求，不利于深入推进农村产权制度改革。如《农村土地承包法》的理论基础是所有权和承包经营权相分离，而现在的改革方向是所有权、承包权、经营权三权相分离。另外，一些法律法规限制有待突破，如土地承包经营权的抵押受到法律的严格限制，《物权法》《农村土地承包法》等法律规定，以家庭承包方式取得的土地承包经营权是通过招标、拍卖、公开协商等方式取得。同时，须经过登记并取得土地承包经营权，除此之外的农村土地承包经营权均不得抵押。这使得普通农户无法利用手中的土地承包经营权进行抵押融资。还有农村宅基地及其房屋的流转被严格限制在本集体经济组织内，这一点不仅有《物权法》《土地管理法》等法律规定，而且《国务院关于深化改革严格土地管理的决定》、国土资源部《关于加强农村宅基地管理的意见》、建设部《房屋登记办法》等法律规定都明确禁止非本集体经济组织成员购买宅基地。实际上，宅基地私下流转、城镇居民购买小产权等已经非常普遍，与其“堵”不如“疏堵结合”，研究制定相关的流转办法，以适应经济社会发展需求。

在法律法规不完善且存在滞后的情况下，农村产权流转科技服务平台提供的科技服务以及管理机制必然也会受到法律法规滞后带来的不良后果。例如，信息发布的不对称性导致了参与农村产权流转的农户信息不对称，没有合适的信息资源帮助他们进行决策，同时也没有相应有效的法律法规保护他们在流转过程中的权益，这就造成了买卖双方乃至科技服务平台发展的损失。另外，在管理机制上由于法律法规的滞后性，也会导致新的管理问题没有得到及时地解决，管理机制完善程度降低。

2. 组织协调方面

农村产权流转科技服务平台只是进行信息发布、交易的场所，而农村产权在交易前和交易后必须履行有关的程序，这就涉及农户、村委、相关部门多个方面，特别是县乡具有审批权限的农业农村、林业等部门，需要他们的配合，才可能最终达成交易。因此，相关的组织协调，才不会成为各级农村产权流转科技服务平台运行的一个障碍。

3. 基础性工作方面

权属明晰是进行产权流转的前提，而要明晰产权，必须进行确权、登记和颁证，应对农用地、宅基地等农村产权全部进行确权，理清权属、界址、面积、用途等基本属性，并颁发相应产权证件。农村产权流转科技服务平台在提供科技服务和管理机制的过程中，由于农村产权确权颁证工作进展缓慢或者尚未开展，这可能成为各级农村产权流转科技服务平台运行的一个障碍。另外在对农村产权要素进行了确权登记颁证后还需要建立相关的农村产权数据库，这样才能为进行交易打好基础，在完善农村产权流转科技服务及管理机制上还有很多工作需要去加强。

（二） 实际运作障碍

1. 专业人才缺乏

农村产权流转科技服务平台中进行交易的业务种类繁多，涉及多个方面的法律法规或者政策条款，还包括相关的农村产权的价值评估认定等专业知识，需要具备较综合全面的知识储备。在广东省较发达的地区，专业人才的发掘相对比较容易，但广东西北的落后地区，农村产权流转科技服务平台或者农村产权交易市场对于他们来说仍然是一个新鲜的事物，非常缺乏在该领域的专门人才或者综合性人才，这可能成为农村产权流转科技服务平台日常运营中的一个障碍。

2. 传统观念的约束

农户对自有的农村产权具有天生的依赖性，尤其是对于土地，这种依赖既有出于生存的实际需求，也有浓重的感情因素，尤其是年龄较大的农户，对于土地等农村要素的依赖程度非常大，不愿意自己的农村产权要素尤其是土地进行流转交易。虽然广东省近几年在农村产权流转上取得了成就，尤其是在土地流转上，但是其流转的比例依然不大；另外，农户对农村产权流转科技服务平台知之甚少，在我们的调查中有超过一半以上的农户对农村产权流转科技服务平台处于不认识的情况，与农村产权流转科技服务平台相比，农户们更习惯将农村要素流转给熟人，这间接地表明了农村产权流转科技服务平台推广普及具有较大的难度。

3. 中介机构缺乏

农村产权流转科技服务平台在服务农村产权交易过程中涉及招标代理、价值评估等多种中介机构的参与，在广东省招标代理机构的数量不少，这方面可以满足农户的需求，关键在于缺乏针对农村产权的价值评估和担保机构，为了确保交易双方的利益和交易的公平公正，对进场以及入驻科技服务平台的农村资产进行产权价值评估时不可缺少的环节，广东省内有比较多进行房地产评估业务的中介机构，但是专门针对农村产权流转或交易的中介机构不足，当然这也与相关的标准缺乏存在一定的关系，所以目前只能由农村产权流转科技服务中心代理履行这个职能。

另外，有一些交易项目是需要相关法律服务的，但此类服务目前的覆盖面极为有限，这些中介机构组织的服务缺失在很大程度上会降低农村产权流转科技服务平台的效率，影响交易项目有序地开展。

4. 金融机构认可障碍

中国人民银行在2009年3月发布的文件（银发〔2009〕92号）中提出“有条件的地方可以探索开办土地经营权抵押贷款”“积极

发展林权抵押贷款”等鼓励金融机构支持农村产权流转或者交易的条款，但是由于农业投资具有投资大、周期长、回报慢三大特点，让众多的金融机构对开展涉农贷款“望而止步”，在每月政府财政或者社会担保机构的支持下，对开展农村综合产权抵押贷款这一类型的创新业务存在较大的阻力，而且，即便是开展农村产权抵押贷款，一旦债务人违约，金融机构抵押变现的难度将会加大。这些因素综合起来，使得金融机构对开展农村产权抵押贷款的认可度不高，进而导致了农户参与农村产权流转科技服务平台的积极性不高。

（三） 存在的风险

在农村产权流转科技服务的设计中有考虑到交易纠纷的调解，但是产权交易依然存在一些不可预知的因素，可能会带来其他的风险，甚至是社会风险。如农业受天气等不可抵抗因素的影响较大，出现自然灾害时可能会引发产权抵押融资贷款无法按时收回的风险；农村产权流转交易平台尚未普及，农村产权数据库尚待健全，可能存在同一个产权多次交易或者流转的情况，这就造成了更多的风险，如果农村产权流转出现了问题，可能会使农民失去土地和其他财产，进而引发信访甚至集体上访，影响社会和谐稳定。

二、作用机理分析

（一） 农村产权流转科技服务平台作用分析

1. 业务交易品种越来越多

通过网络交易平台，广东省在农村产权交易及流转上已制定了相关的交易业务内容，尤其是在土地流转方面，已建立农村房屋网络交易、互换、租赁体系，用于规范农村集体建设用地使用权、土地承包经营权以及农村房屋权等产权展开进场交易，以实现农村房屋产权最大限度的市场化，其产权交易品种越来越丰富。

除了上述的产权交易品种，还包括农业知识产权、集体经济组织股权、生产性设施用权、农产品交易以及资产抵押业务等。随着农村产权被认可的程度越来越高，农村产权交易的品种也日益增多，但真正能够实现进场交易的项目却屈指可数。

由各大农村产权流转科技服务平台网站上可以看到，目前进场交易的大多数是土地承包经营权、林地承包经营权及其抵押业务等，而其他种类的农村产权却很少出现在交易市场中。而扩大进场业务交易品种可以扩大农村产权的融资渠道，从而有利于自身的资本积累，促进生产经营规模的扩大，为城市和农村资本的双向流动创造有利条件，提高农村土地以及资本的利用效率，激发农民投资的热情。

2. 业务交易规章制度逐步完善

针对农村产权流转交易市场及流转科技服务平台建设快速发展的现象，各地正积极理顺农村流转交易市场主体之间的关系及市场体系建设，并制定相应措施加强对农村产权流转市场的监督和指导。

一些地区已通过建立联动合作式产权交易平台来实现区域内产权交易的统一性。规章制度的完善，可以为农村产权在流转交易过程中提供决策依据，保障有法可依；同时其对农村产权的发展方向也是一种信号引导作用，让农民对自己的行动方向取舍有所参考。

为了规范交易业务，保证交易项目的顺利实施，有的农村产权交易机构已经出台了关于集体林权、土地承包经营权、房屋所有权及宅基地使用权等产权的交易规则，如“农村集体产权事项交易指南”“农村产权交易规则”等。但是不同业务下，主管部门的责任及交易倾向性存在差异，无法对整个交易市场做出统一清晰的界定，这使得农村产权流转交易市场存在一些混乱。同时，不同业务涉及的主管部门不同，交易规则不同，导致整个交易过程该如何执行，具体应由哪个部门来监管也没有统一的结论，这使得农村交易业务的不确定性进一步加大，随之面临的风险也增加。在农村产权交易以及农村产权流转科技服务平台的科技服务及管理横向发展上，由于我国各地在农村产权流转交易中还未能实现同权同价，这在很大程度上限制了各地农村产权的跨区域交易。

（二） 广东省农村产权流转科技服务平台的市场作用分析

1. 促进政府职能转变

在农村产权交易市场体系以及农村产权流转科技服务平台还未建立之前，政府在对交易市场进行监管的同时还需要对农村产权流转交易行为直接负责，往往容易导致政事不分，而且处理效率也很低。通过建立农村产权交易市场一方面将政府从直接负责农村产权交易行为中解脱出来，另一方面有利于政府实现监管作用，从而为该交易市场健康有序的发展提供保障。

2. 有利于提高农村土地等产权的利用效率

由于农村资产存在一定的闲置现象，特别是随着城镇化进程的加速，资源闲置现象越来越严重。通过建立农村产权交易市场，可以更好地聚集市场信息，实现市场的资源配置等功能。通过产权交易，农民可以利用土地、房屋、农林地进行抵押，从而在减少资源浪费的同时，扩大农民资本积累。

3. 促进公平公正的流转科技服务平台建设

农村产权交易所的建立以及农村产权流转科技服务平台并不是

随意而成的，成立的同时建立相应的实施细则、操作流程、监管制度等。这些制度的建立，让农村产权在交易过程中有了一个确切的判定标准，通过严格执行这些标准，能加强信息化管理标准统一性，确保交易过程阳光透明。

第四节　案例分析

要加快广东省农村产权流转科技平台的建设与完善其科技服务能力与管理机制，离不开在农村产权确权方面的支持工作，尤其是对农村土地确权工作的支持。据悉中共中央国务院 2012 年 12 月 31 日印发的《关于加快发展现代农业进一步增强农村发展活力的若干意见》明确要求用 5 年时间基本完成农村土地承包经营权确权登记颁证工作。广东提出 2016 年基本完成，但农村土地承包经营权确权登记涉及面广、人多事杂，需要相应的工作人员更多，广东农口对应的行政人员有限，阻碍了整体确权进度，广东调整目标为 2018 年底以 100%确权为目标，确保不留死角、不留尾巴地实现全面彻底确权。据广东省确权办数据，截至 2017 年 8 月，广东累计完成实测面积 3605 万亩，实测率为 98.74%；累计颁证 4539264 本，颁证率为 41.46%。而江苏省于 2016 年底，94%的应确权行政村完成合同任务，89%完成登记颁证；四川省于 2017 年 5 月已基本完成农村土地承包经营权确权登记工作。对比来看，广东农村土地承包经营权确权登记工作业已落后。

为了更好地进行农村集体资产的管理即农村产权流转的管理与服务，广东省各地级市也在统一的指导下构建农村产权流转科技服务平台。

一、广州市农村产权流转科技服务平台

（一） 实施的目的及意义

为实现农村集体组织经济利益分配公平、公正、公开，广州市率先在天河区进行农村产权改革，天河区政府制定了《农村股份合作经济组织及农村产权交易制度改革规定》，界定了社区股东和社会股东的资格及各自的责权利。广州市政府认为改革是打破城乡“二元经济”的必由之路，对村干部进行股份制知识的培训，增强他们对股份制的认识和了解后，天河区全区农村整体进行制度变迁，顺利完成了农村的撤村改制。后期，广州市天河区也同步建设了“三资”管理平台及天河区农村集体产权流转科技服务平台，将产权信息同步发布在网络，应用科技服务平台为买卖双方提供更多可靠的信息资源。

广州市农村产权流转科技服务平台的建设得益于广州市农村产权交易所的发展与功能的衍生。广州农村产权交易所是广东唯一一家通过国务院联席会议审查的全民所有制的国家级综合农村产权交易服务机构，是事业法人广州公共资源交易中心的全资下属公司，已推出农村产权交易综合服务平台、农业科技成果转化交易平台、融资服务平台、农产品订单交易平台等八大服务体系，助力经营主体规范农村产权流转、农业科技成果转化等交易渠道并获取相关金融、法律等服务。

（二） 科技服务能力及管理机制情况

广州市内农村产权流转科技服务平台，包括“三资”管理平台且均在各区构建了相应的农村产权流转科技服务平台，从整体提供

的科技服务来看，主要包括党廉公开、“三资”公开、政策法规、咨询投诉、流转信息公开等内容。目前已在广州市越秀区、海珠区、荔湾区、天河区、花都区、番禺区、南沙区、从化区、白云区、黄埔区及增城区分别建设了分支管理的农村产权科技服务平台。其“三资”管理门户及农村集体产权流转科技服务平台分布见表7-9。

表7-9　广州市各地区“三资”管理与产权流转服务平台情况

地区	“三资”管理门户	产权流转服务平台
天河区	✓	✓
海珠区	✓	✓
越秀区	✓	✓
南沙区	✓	✓
番禺区	✓	✓
花都区	✓	✓
从化区	✓	✓
白云区	✓	✓
增城区	✓	✓
黄埔区	✓	✓
荔湾区	✓	✓

从表7-9可知，在广州市内各地区的“三资”管理及农村产权服务平台的建设都已全部上线运营，从科技服务内容上看主要包括了待交易信息、已交易信息等方面的公布。以广州市黄埔区的农村集体“三资”监管工作为例，近年来，广州市黄埔区的农村集体“三资”监管工作力度不断加大，农村集体“三资”管理工作日益规范，农村集体资产交易工作越来越受到群众的关注和参与。黄埔区的农村集体资产交易服务区于2018年5月2日正式投入使用。交易服务区增设了2个多功能交易厅、1个报名大厅和1个签约室，并配备了一批电子设备。这样可以进一步提升农村集体资产交易服务质量，提高交易效率，为交易各方提供优质服务。

同时，南沙区政府也在活跃农村产权流转服务平台及“三资”交易门户上出谋划策。为规范农村集体经济组织管理、农村集体“三资”交易管理，南沙区出台了农村集体资产交易管理等规定，统筹农村集体“三资”交易监管工作，并开展了农村集体“三资”管理服务平台建设。原有农村集体“三资”交易管理平台主要功能是发布交易项目信息，交易流程全部在线下进行。对于投标人，需要先在当地村提交资料，然后去交易站现场报名，再去银行柜台缴纳保证金，最后凭缴款凭证在交易站确认报名成功，往返于银行及交易站，流程上耗费时间过长。对于管理部门，需要手工登记投标人的报名信息，现场组织竞拍，在投标结束后，需手工填写退款申请书，并前往银行柜台划转，流程过于烦琐。

南沙区政府携手农村“三资”交易平台线上保证金账户唯一合作银行——中国银行广东省分行，通过整合多种支付渠道，将“三资”交易平台对接银行保证金管理系统，在广州率先推出了农村集体“三资”交易“线上缴纳保证金流程”和“网上公开竞投流程”，实现了线上报名、线上缴纳保证金和线上竞拍等功能，农村集体“三资”交易试行全程网上交易，将线下业务转为线上，投标人通过互联网完成一系列手续，实现全流程封闭式管理，方便、省时且高效，以确保农村集体“三资”交易“公开透明、网上留痕、全程监控”。

二、阳江市农村产权流转科技服务平台

（一）建设情况

阳江市委市政府在2015年明确了全市农村产权流转科技服务平台由市统筹建设，即全市统一规划、统一建设标准、统一平台软件

的工作要求，并制定了相关管理制度，2016 年市委市政府评价农村产权流转科技服务平台已建成，具备开通运行条件。阳江市农村产权流转科技服务平台于 2016 年正式开通，这标志着阳江市农村产权流转科技服务平台正式实现互联互通。服务平台涵盖了资产管理、合同及台账管理、产权交易管理和信息发布管理四大核心业务，实现了农村大数据服务有效覆盖，规范农村产权交易行为，确保交易过程公开、公平、公正。

（二）科技服务平台运作情况

阳江市农村产权流转科技服务平台具备服务功能强大、监管全面、交管分离、台账实时和公开透明等特点。交易品种方面，平台目前实现了农户承包土地经营权、林权、“四荒”使用权、农业类知识产权等八类产权的交易服务。同时，平台实现了全市所有村（居）集体“三资”及农村产权交易全面监管，建立了“交管分离”的管理理念，由农村集体资产管理部门审查交易申请，资产交易管理中心具体组织交易。平台建立资产资源和合同台账，实时掌握资产资源动态，监督合同执行情况，还能及时全面公布集体资产交易活动中招标立项、竞价交易、成交确认等信息。

阳江市农村产权流转管理服务平台主要由资产管理、交易管理、合同管理三个方面对单位集体资产进行管理。其中，资产管理就是单位所拥有的集体资产，如土地、厂房、鱼塘以及其他资源等信息管理。交易管理主要分为资产交易、工程交易等。资产交易包括了待交易资产管理，立项、招标、交易、成交处理五个方面信息管理；工程交易包括了立项、招标、交易、成交处理四个方面信息管理。合同管理就是单位的合同信息登记、合同收款、合同变更等信息管理。

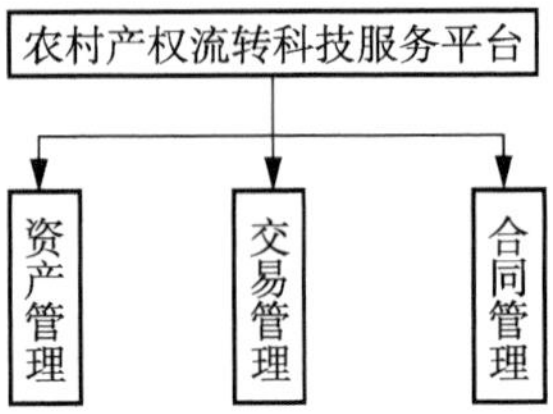

图 7-3 系统功能模块

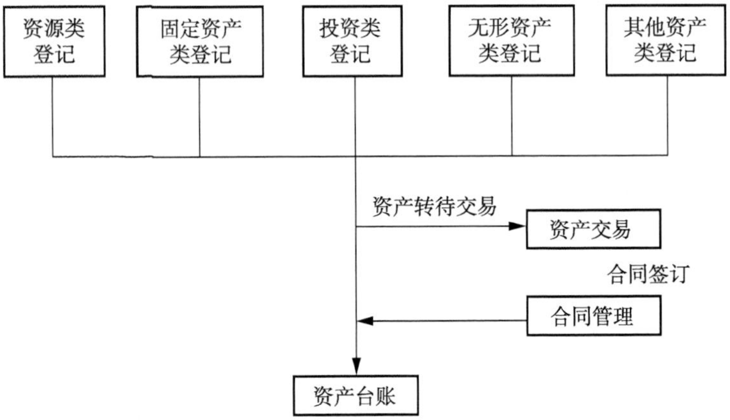

图 7-4 资产管理业务流程

三、清远市农村产权流转科技服务平台

（一） 清城区农村产权流转科技服务情况

近年来，随着农村经济社会的快速发展，农村资产资源监督机制不断健全，村民对农村集体资金、资产和资源关注度也越来越高。截至 2017 年，清远市清城区农村产权流转科技服务平台已经上线半年，完成了 42 宗交易，一宗交易价格翻了 45 倍。2017 年 3 月，清远市凤城街农村集体资产交易中心举办了一场农村集体产权资产交易活动，经过几百次举牌、两个多小时的激烈竞投，凤城田龙居委

会望天狮居民小组一加油站用地的租价在这场交易中翻了 45 倍，从原租价 10.05 万元/年上涨到 461 万元/年。原来打算以 50 万元/年出租的集体资产，经过多轮竞拍争夺，无意之中，集体资产增值了 45 倍。这犹如一个窗口，凸显了清远在农村“三资”管理上的努力，这种制度上的创新切实惠及广大农村民众。“创新农村‘三资’管理机制”是清远农综改的主要内容之一。作为全国农村综合改革示范试点县，早在 2012 年，阳山县便在农村集体“三资”监管和农村综合产权服务管理方面先行先试，并于 2015 年 10 月获得全国农村集体“三资”管理示范县称号。与此同时，各县市区参照阳山经验，借鉴东莞、南海、中山，结合自身实际逐步建立起农村“三资”管理服务平台。其中清城区农村产权流转科技服务平台表现尤为抢眼，该平台于 2016 年底正式上线，全区 111 个村（居）委会的集体资产、资源、合同信息都必须录入该平台，并在这里进行阳光交易，半年来已经完成交易 42 宗，大部分农村的集体资产呈现增值增收，农村和谐稳定。事实证明，在管理管活农村“三资”上，农村产权流转科技服务平台发挥着重要作用。

（二） 功能使用情况

1. 信息录入平台，村民随时上网查家底

清城区共有村（居）委会 111 个，其中不乏有年集体收入过百万、千万元的村（居）。据不完全统计，2014 年，年集体收入超过 50 万元的村（居）委会有 87 个，收入最高的达到 15428 万元；2015 年，年集体收入超过 50 万元的村（居）委会有 98 个，收入最高的达到 11764 万元；2016 年，年集体收入超过 50 万元的村（居）委会有 101 个，收入最高的达到 9179 万元。村集体资产资源交易了，但农村集体资产资源的交易情况村民往往不知情，村民关心的也比较少。近年来，随着农村经济社会的快速发展，农村资产资源监督机制不断健全，村民对农村集体资金、资产和资源的关注度也越来越高。

2014年，农村集体“三资”监管平台建设成为清城区农村综合改革工作的重点。各行政村安排专人负责“三资”监管系统操作，负责辖区内村小组的会计、出纳记账工作，区、镇（街）、行政村三级联动，合力推动农村集体“三资”管理服务平台的建设，实现了“村账镇管，组账村管”的新模式。这种新模式终结了以往的“手工记账”模式。据清城区委农办介绍，以前相关部门想获知各村委会的做账情况，只能通过实地查账这一途径。有多少“家底”，只有村干部知道。建立农村集体“三资”监管平台后，各镇（街）以及各行政村通过政务内网可进行会计核算、数据处理、资产交易等业务活动。通过推广使用“农村财务监管平台”系统，实现对下辖村（居）、村小组财务信息化、及时化、精细化管理。目前，农村财务监管平台系统已覆盖到全区8个镇（街）及下辖所有村（居），所有村（居）、村小组账目已录入该平台，使农村集体“三资”清晰化、明白化，所有家底也一目了然。

2. 立体监管，预警纠错实时共享

清城区农村产权流转科技服务平台上线后，整合农村财务核算系统、农村财务管理平台与农村集体资产管理交易平台三位功能于一体，使用同一系统对农村“三资”活动统一管理。在农村财务方面，平台通过与工商、农业、农商行等银行数据对接，实现了农村集体资金从村委（村小组）申请额度到提现等全流程监管功能。同时，平台数据实现与区党风廉政信息公开平台无缝对接，极大地提高了工作效率和廉政信息公开的及时度。工作人员可以避免重复录入数据而出错，并且村民可以对村中财务状况进行实时监管。至此，城区农村集体“三资”监管已经实现了“分级管理、实时监控、预警纠错、数据共享、信息服务”等功能。

以往“三资”不透明情况下，监管成了最大难题，部分村小组没有建立完整的财务监管制度，财务状况混乱现象普遍存在；一些比较富裕的村小组，集体资源多、集体收入高，村长手中的“三资”处置权力较大，监管机制却是个空白。村里还成立了理财小组、勤廉监督室，加上群众监督、各职能部门和纪检监察机关，确保“三资”监管平台不会出现漏洞。

这个平台还有一个最大的亮点是对交易过程的监管，业主单位进行资产交易，必须先将交易信息导入交易平台生成系统底册和待交易资产信息，经业主单位负责人以及主管部门审批后进行交易，通过交易平台发布交易信息并把交易过程中的纸质表格、视频录像等材料整理交镇（街）交易中心归档备案。平台使资产交易意向立项、交易信息发布、交易结果公布等程序实行信息化管理，使得交易实现公平、公正。

同时，通过创建阳光交易，让村民来监督集体资产的整个交易过程，包括竞投和合同签订环节，一方面村民知根知底，保护了自己的利益，另一方面也保护村干部，避免出现灰色地带。村民最大限度地掌握“三资”运转情况，倒逼村干部认真履行重大事项决策和办事程序，减少干部犯错机会，进一步推动农村党风廉政建设。

3. 资产保值

除了对集体资产的信息化管理，让村里的“家底”和交易公开透明，由于招投标信息的对外公开化，吸引了社会上更多的投资者参与项目的承包经营，也让村里的“三资”实现了保值增值。2017

年 3 月 27 日，田龙社望天狮居民小组处位于 107 国道旁的，面积为 2001 平方米的加油站地块，通过凤城街农村集体资产交易中心进行出租交易。此次竞投的底价为每年 50 万元，以举牌作为竞投报价方式，每举一次牌，增加 1 万元。投标开始后，先后有 5 家意向代表举牌，标价增加到 165 万元后，剩下两家意向代表继续举牌，经过近 3 小时争夺，租金由原来的 10.05 万元/年上涨到 461 万元/年，增幅接近 45 倍。

事实上，这样的例子并不罕见。例如，横荷街道办某村一地块参考邻近地块的租价将底价设为 1.2 元/平方米，通过竞拍，最终定价为 2 元/平方米，增幅达到 67%。城区农办统计数据显示，截至 2017 年 6 月 1 日，全区录入“三资”交易平台的固定资产个数为 1997 个，交易合同份数为 717 份，涉及合同标的额达 5.9 亿元；资源类资产个数为 6651 个，交易合同份数为 3591 份，涉及合同标的额达 12.6 亿元。

2017 年初至今，通过平台完成的农村集体“三资”交易有 42 宗。以洲心街道为例，2018 年洲心街道由于征地多，新增多块返还用地。通过平台可查询到洲心街道 2018 年资产交易宗数多达 8 宗，在 8 个镇（街）中排在首位。不过，清城区委农办负责人介绍说，交易宗数整体较少，主要是由于很多农村集体“三资”租期较长，目前尚未到交易期。

4. 村务管理透明化

平台建立之初，一些村长对此产生意见及困惑，但是平台监管并不代表限制使用，只是通过互联网进行监管，同时平台公开农村“三资”信息也便于村民实时查询村集体“三资”情况。

农村产权流转科技服务平台未运作前，有些村干部不习惯，认为流程烦琐，增加了工作量和成本。可是通过交易后，发现不但不增加成本，反而提高了效益，且手续简单，成交价又高，流程也严格了，不再由村干部随意拍板，还村干部一个“清白”。在没有上“三资”交易平台前，交易由村里操作，就算价格再高，群众都会半信半疑。而在公平、公开的竞争下操作，群众看得透，消除了疑虑。这也是将村干部的权力关进制度的“笼子”里。

目前，平台已上线半年，不少村也尝到了平台带来的甜头。在调查的过程中，采访到凤城田龙村村长，他表示经历过凤城加油站地块竞投后，农村产权流转科技服务平台确实有好处，有利于村集体资产增值保值。望天狮加油站地块的竞投通过平台实现公开化，使更多人知道竞投信息，竞争对手增加，租金也因此大幅提升。目前正在为另一地块的竞拍准备资料。洲心街道更是将上平台准时交账、交易资产等规定设为村长的职责，村长通过竞选后必须签承诺书，一纸承诺负起这份职责。村务、政务不透明，很大程度地影响农村和谐稳定。如今凭借平台，阳光村务得以实现。同时，被采访的清城区委农办负责人表示平台上线后，目前因基层干部贪腐上访的数量大幅下降。该平台使农村集体“三资”管理公开化、透明化，杜绝暗箱操作，有利于解决村民和村干部之间的矛盾纷争。

总的来说，农户在农村产权流转的过程中最大的问题就是因农村集体的资金、资产、资源管理不清楚，而牵扯出大量的矛盾。在新形势下，如何管好、用好农村资产、资金、资源也就成了化解农村干群关系、推进新农村建设的题中之义。农村产权流转平台的建设使用，让农村“三资”交易从“暗箱操作”变为“阳光决策”。“三资”交易信息一放上农村集体资产管理交易平台，就会吸引村内外无数的目光。有意向交易的投资者在留意，有意识关注的村民在监督，这就能从源头上减少腐败的发生，克服“三资”交易中容易产生的质疑和纠纷。

以望天狮加油站地块出租交易为例，从出租底价、竞拍条件、付款方式等都由村民代表参与讨论决定的，真正做到了让群众事前参与、事中介入、事后监督，保障了干部群众的参与权、监督权、选择权、决策权和知情权，也让可能由此引发的基层矛盾化解在萌芽阶段。同时，通过竞标者相互之间的对比，村集体也可以从中“择优”交易，因此，打造这一交易平台，不仅使“三资”交易变得安全，也令村集体的利益得以最大化。

从长远来说，这个交易平台的推行无疑是一次村民权利意识的大洗礼。通过参与、监督交易平台的运作，村民能清楚了解自己所拥有的权利，并懂得对此进行有意识的维护。因此，“三资”阳光化，村民参与村集体事务管理的积极性进一步提高，村集体民主管理水平得到有效提升，民主监督实效得到增强，这种做法有力地促进了农村基层党风廉政建设，也推动了农村经济社会健康发展。

（三） 清远阳山县农村产权流转科技服务平台

1. 阳山县农村“三资”管理平台情况

近年来，阳山县以解决农村集体“三资”管理薄弱问题为重点改革方向，积极探索农村集体“三资”管理新路子，使农村集体“三资”管理步入有序化、动态化、阳光化轨道，在农村“三资”管理工作上大力促进，尤其是对农村“三资”管理平台的建设方面。

据悉，2012 年开始，截至 2015 年 2 月，阳山县在农村集体“三资”管理方面取得明显成效，全县农村产权交易成交额达到

6482.317万元，涉及项目308宗。全县小额工程共773宗，项目总预算17520.722万元，中标金额15917.887万元，节约金额1602.8346万元，节约率达到9.15%。主要具有以下的特点：

一是管理制度有序化。据了解，自启动农村集体“三资”管理改革工作以来，阳山县制定出台了《阳山县农村集体“三资”管理办法》《阳山县农村集体经济组织财务管理制度》等一系列配套管理制度，明确农村集体资产资源交易范围、责任追究、规范产权流转合同版本，为加强农村“三资”监管提供制度保障。同时，建立仲裁工作机制，制定《阳山县土地交易流转预警机制实行办法》和《阳山县农村土地承包经营纠纷调处实施办法》，由财政、农业、水利、民政、司法、综治维稳等部门组成农村“三资”仲裁委员会，对有争议的事项进行调解，及时化解矛盾，调解不成功的，引导群众通过法律程序进行诉讼。此外，阳山县还积极实行对“三资”清理监管基础性工作和软件研发建设工作，并做到同时部署、同时实施、同时完成，“三资”清理登记软件和公开软件同时研发，县镇局域网络同步铺设，硬件建设和制度建设同步完善，确保“三资”管理工作的有序开展。

二是日常监管阳光化。据了解，在日常管理方面，一直以来，阳山县将农村集体所有的资金、资产、资源作为清理对象，由纪检监察部门牵头，财经部门具体操作，采取先账内后账外，先资金再资产后资源的清理办法，逐项核实登记，登记后实行专题公开，直至群众确认，做到账实相符、账款相符、账账相符，达到资金总量清、资产价值清、资源分布清、管理运行清，使用处置清的“五清”目标，并将数据输入电脑软件，实行电子化动态管理。而在日常监管方面，阳山县建立了统一的农村集体“三资”委托代理机构，由乡镇政府代管村集体经济组织所有的资金、资产、资源和账目，重点把握村级资金收入、大额资金支出、票证审核“三个关口”，对各村“三资”情况进行年度集中审计，实现了对各村资金、资产、资源运行情况的有效监管。截至2015年，阳山全县167个村（居）委会、3108个村小组都实现了“村、组账委托镇代理”，委托代管资金8186多万元。同时，阳山县也建立起了以“一中心一所一员”为架构的农村综合产权交易平台，进一步明确交易范围，规范交易流程，每项交易均按照项目预审、民主表决、交易申请等11个规范流程进行交易，有效防止农村产权“贱卖”，确保产权增值、农民增收，实现资源资产效益最大化，并建立村集体“三资”管理台账，落实村级账目逐月公开、季度公开，将“三资”运行情况作为村务公开的一项重要内容，常年接受群众监督，确保农村“三资”阳光化管理。

2. 清远市阳山县农村综合产权交易中心

（1）建设情况

清远市阳山县农村综合产权交易中心在2015年正式揭牌成立。这个中心将为该县农村11类流转交易品种提供场所设施、信息发布、产权鉴证、政策咨询、组织交易等服务。这意味着包括当地农村土地承包经营权、林权、宅基地使用权等重要产权在内的农村资产产权交易中心建立。在十八届三中全会提出“建立农村产权流转交易市场，推动农村产权流转交易公开、公正、规范运行”的背景下，阳山县农村综合产权交易中心的积极探索，不仅为盘活农村产权提供了一个新的出路，同时也为新型农业经营体系的建构做好了铺垫。

农村产权制度改革是一项系统工程，确权是基础，流转是重点，增值是关键，既需要经济发达地区的试点探索，更需要经济欠发达地区的探索创新。阳山是山区县，又是生态保护区，不适宜大规模发展工业，农村产权可以进行流转交易，对于促进当地农业、林业的规模化发展很有好处。农村产权交易中心，可以调动农民和农村集体整理、复垦闲置用地的积极性，激发农村生产要素活力，给阳山县农村带来更多的生机活力。

据了解，该中心是依托县、镇、村三级社会综合服务网络建立产权交易服务体系，在县的层面建立农村产权流转交易中心，在乡镇层面建立农村综合产权交易服务所，在村层面安排 1 名产权流转交易信息员，形成县、镇、村三级联动、覆盖全县的农村产权交易市场体系，在项目审核、交易、统计等一系列环节上，实现县城与乡镇、乡镇与乡镇之间的无缝对接，有效地解决了农村产权项目因地域分散而产生的信息共享不及时的问题。

山地通过交易中心把地转出去，村民不仅有了租金的收入，还可以参与承包者的种树等劳动，获得劳务收入。目前，已超过 3 个涉及土地承包经营权流转的项目在产权交易中心现场签订合同，流转土地 3000 多亩。据介绍，产权交易中心不仅仅是一个交易平台，而且可以通过交易前对出让方的产权价值进行评估，防止产权被“贱卖”，实现按市场合理价格进行流转，最大限度地保障出让方的利益。

在没有进行农村产权流转前，农业规模化、现代化经营面临最大的难题是资金，所有农企都感同身受，种果、养猪等投入比较大，周期比较长，如果没有银行融资，就很难持续下去。通过土地承包经营权抵押融资，解决了公司的资金链问题，相信项目会越做越大、越做越好。并且，产权交易中心还与银行实现了信息的无缝对接，银行可以随时查询到交易中心的产权流转情况，这样做可以有效解决抵押贷款难的问题，为下一步以产权担保融资建立绿色通道。

（2）发展规划

阳山县政府与广州产权交易集团签订了《共建专业市场第三方交易公共服务平台合作框架协议书》，阳山农村综合产权交易中心与广州产权交易所的连通互动，在交易业务开展上实现同广州产权交易所的联网对接，这意味着阳山农村产权可在广州产权交易所进行交易，“山区货”可卖广州价，有效地促进了山区资源增值。广州、阳山将合作建设阳山“农村产权交易服务平台”，引导农村产权进场交易，合作开发具有当地特色的农村产权交易新品种，开展订单农业和订单融资等业务。

粤北山区阳山县在这方面率先进行了攻关破题，在全省建成首个县级农村综合产权交易平台。建立统一的农村产权交易市场，推动农村产权流转，是实现农村资产资本化的核心环节。这样可以规范交易流程，强化交易监管，增加农民财产性收入，激发农村发展活力，将对优化农村资源配置，推动城乡资源要素流动，促进农民增收、农业增效、农村发展产生积极的推动作用。

四、东莞市农村产权流转科技服务平台

（一） 建设情况

近年来，东莞市围绕归属清晰、权责明确、保护严格、流转顺畅的农村集体产权制度改革总目标，加快农村产权流转交易市场建设，取得了明显成效。截至 2015 年底，东莞市涉农镇（街）农村产权流转交易市场全部建成，农村产权信息服务平台全部开通并正常运转，2016 年以来交易总量位居全省前列。乡镇一级产权流转交易

市场也已基本建成，有75%以上的乡镇已实现正常运转。

（二） 主要做法

1. 突出关键措施，全面构建农村产权流转交易市场运行体系，科学合理设置交易机构和场所

在农村产权流转交易市场体系建设中，注重“有形市场”和“无形市场”建设的融合工作，切实做好县、乡两级有形市场建设，落实交易机构和场所，配备相应的专业人员，添置必要的设备设施。城区片区单独建成了500平方米农村产权流转交易中心，为公益性事业单位，核定全额事业编制5名，明确单宗合同金额10万元以上的资产交易、300亩以上的农村土地承包经营权流转进入县级平台进行公开交易；水乡新城片区依托招投标中心新建县级农村产权流转交易服务平台，组建国有出资的企业，也在市政务中心进行了集中办公。滨海片区等农村产权交易中心全部明确为全额拨款事业单位，核定一定数量的事业编制，在政务中心或招投标中心开设窗口。

2. 不断完善市场交易机制

农村产权流转交易市场主要提供发布交易信息、受理交易咨询和申请、组织交易、出具产权流转交易鉴证书、协助办理产权变更登记和资金结算手续等基本服务。各片区都建立并完善了相应的交易规则、交易办法，认真探索研究合同规范、争议处理、资金结算、收费管理等一系列制度和办法。同时从实际出发，在进场交易主体、交易品种、业务范围、经营模式、配套政策等方面加强研究。松山片区还将农村集体资金采购、“一事一议”建设项目招投标等纳入县级农村产权流转交易范围。

3. 逐步扩大交易品种

农村产权交易类别较多、权属关系复杂、承载功能多样、适用

规则不同，因此需要实行区别对待、分类指导。目前主要以农户承包土地经营权流转、村级集体资产资源的发包为主。截至目前，全市农村土地承包经营权流转已成交 214 笔共 1.4 亿元，村级集体资产资源发包已成交 125 笔共 2958 万元，涉农项目已成交 133 笔共 2140 万元。按照先易后难的原则，条件成熟后逐步开展农村集体林地经营权和林木所有权及使用权，农村小型水利设施使用权，农业类知识产权，农业生产设施设备，农村建设项目招标等进场交易。

4. 坚持规范操作，全力提升

农村产权流转交易市场提高运行质量，规范交易程序。农村产权流转交易市场依法对各类市场主体进行审查核实、登记备案，对申请材料的真实性、完整性、合法性、有效性负责。各地按照国家有关法律法规和政策规定，选择协议、电子竞价、招投标等交易方式组织进行交易。交易达成意向后，需签订农村产权流转交易合同，经农村产权流转交易市场审核、登记后出具《农村产权流转交易凭证》，有关职能部门依法办理产权权属变更登记。麻涌镇在制定《麻涌镇农村产权交易管理办法》的基础上，专门出台了《关于推进农村产权交易信息服务平台运用管理的通知》，对进场交易的标准要求、信息发布、文本格式、竞标办法、鉴证入账等进行了统一和明确。

区别制定进场交易要求。现阶段，东莞市产权流转交易主体主要有农户、农民合作社、农村集体经济组织、涉农企业和其他投资者。农户拥有的产权由农户自主决定是否入市流转交易，任何组织或个人不得强迫或妨碍自主交易。明确要求，农村集体资产流转必须进入市场公开交易，防止“暗箱操作”。农村集体产权转让的，必须经本集体经济组织成员（代表）大会讨论通过。加强农村集体资产监管，对村级集体资产与工程的承包和招投标等强制进场公开交易。要让农户承包土地经营权、农村集体经营性资产等产权交易通过市场确定价格、自由流动。

探索资产抵押担保权能。充分利用农村产权流转交易市场的价格发现和自由流通功能，加强与金融部门、产权登记管理部门的沟通协调，建立健全协作工作机制，积极探索农村承包土地经营权抵押、质押担保方式，盘活农村有效资产，拓宽新型农业经营主体贷款融资渠道，吸引社会资本向农村流动，促进现代农业发展和农民增收。石龙镇出台《农村土地承包经营权抵押贷款管理办法（试行）》，通过农村产权交易中心为新型农业经营主体登记发放经营权流转证书和其他项权证，再到农商行进行抵押贷款，目前，已累计发放抵押贷款近3000万元。其中石龙镇通过全省农村产权交易二期信息平台发放抵押贷款8笔，贷款金额432万元，累计231亩农村土地承包经营权进场抵押，涉及农户98户。

5. 加强组织领导，确保农村产权流转交易市场建设顺利开展，明确工作目标

2016年，东莞市根据实际，制定出台了《关于培育发展农村产权流转交易市场的实施意见》，并把农村产权流转市场建设列入县区农业农村考核的重要内容。明确要求在2015年底滨海片区和东部产业园片区建成镇街两级农村产权流转交易市场体系，完善信息化平台服务功能，其他涉农县区建成县级农村产权流转交易平台；10个省级重点中心镇建成二级交易平台并投入运行。2016年实现乡镇级产权交易市场建设全覆盖。力争通过3年左右的努力，基本建成省、市、县、乡统一联网，四级联动的农村产权流转交易市场体系和信息服务网络平台，实现农村产权流转交易的公开、公正、规范运行。

健全工作机制。各地把农村产权流转交易市场建设作为深化农村改革的重要内容，纳入重要议事日程，明确责任部门，落实工作任务。市委、市政府将县区农村产权交易市场建设纳入市对县农村工作考核。各县区都成立了由党委、政府分管领导挂帅，相关部门参加的农村产权流转交易监督管理委员会，并下设办公室，具体担任组织协调、政策制定等方面的职责，负责对市场运行进行指导和监管，统一制定交易规则，并对市场运行、服务规范、中介行为、纠纷调处、收费标准等进行具体规定，保障市场健康运行。

强化宣传培训。加强农村基层干部和相关人员的业务培训，提高实务操作能力。全市已举办农村产权信息平台业务操作培训班7期，培训县区、乡镇业务操作人员600余人。同时，积极利用报刊、电视、广播、网络等多种媒介，深入组织开展农村集体产权制度改革的宣传引导，积极营造良好的改革氛围，努力争取基层群众对改革的理解支持、真心拥护和广泛参与。

五、肇庆市端州农村产权流转科技服务平台

（一）肇庆市端州东岗社区农村产权情况介绍

东岗社区位于肇庆市端州城区东片区，2013年1月完成“村改居”工作。社区现有户籍人口2428人（其中在册股东2239人），设置1个经济联合社和12个股份合作经济社，2012年集体经济纯收入1802万元，社区居民人均纯收入12681元，其中人均集体分配6319元（约占人均纯收入的50%）。2012年末集体资产已达到19386万元（不含土地）。

东岗社区已成为肇庆中心城区扩容提质“主战场”之一，城市化已成大局。面对集体经济的日益壮大，且即将要融入城市，集体

资金、资源、资产的“三资”管理问题，注定成为东岗社区集体经济组织成员集中关注的焦点。

（二）农村产权流转科技服务平台具体措施

为了加强集体“三资”管理，东岗社区在街道已建成集体资产管理交易平台和集体经济财务监管平台的基础上，创新引入“云服务”技术，使之可操作性更强，更贴近股东群众。管理小组由社区主任担任组长，成员由社区分管领导、各股份合作经济社社长、主管会计、民主理财小组组长、合同专管员等组成。管理小组经过反复论证、到外地调研取经，决定依托端州区资产管理交易平台和财务监管平台数据基础，与维龙云服务公司签订合作协议，开发更有利于东岗“三资”管理的云服务系统——“智慧东岗·农村云”，成为端州区内第一个社区云服务“三资”管理系统。为确保系统日常运行及维护，社区配备专职工作人员、大型 LED 信息显示屏、触屏显示平台及后台服务器等硬件。

社区“三资”管理小组采用派发宣传单、拉横幅标语、社区广播、播放宣传视频、组织股东群众集中学习等宣传形式，加大股东群众对“智慧东岗·农村云”的了解，使更多股东群众自觉参与到集体“三资”管理与信息公开工作。系统在端州区综合管理平台的数据基础上，通过云数据处理，布点设立触摸显示屏，将社区中的“三资”管理、党风廉政、社区自治等信息公开。经济组织成员所关注的年底分红、“三资”状况、招投标、租金（承包款）收款等信息，将通过指尖划动，详细清晰展现。利用云计算技术，开发上网查询、重大事项网上表决、群众满意度网上测评、问题实时举报等终端功能，进一步实现组织成员对集体“三资”的实时、动态监管，让组织成员足不出户就能通过手机、电话、家庭电视自助查询“三资”事项，看到“明白账”。

利用云计算技术，实现实时监控，对集体经济每笔资金的支出收入进行监控。全程监控集体资产、资源的交易流程，防止人为漏洞。集体资产进行交易时，系统会根据交易事项，划分民主决策、项目申请、项目审批、信息公开、公开交易、结果公示、合同签订等环节，任何一个环节出现问题，系统自动发出预警，提醒监管部门介入调查。同时，系统实现与街道“三资”综合管理平台信息共享，将集体资产、资源现状及变动情况进行比对，检查是否存在违规处置问题。

第八章

广东农村产权流转的发展模式、运行机制与实现路径

第一节　政府“有形的手”促进农村产权流转制度建设

农村产权科技服务平台以及农交所与土地流转中心等农村产权交易机构促进了农村产权要素流动，在一定程度上实现了资源合理配置，保护了农民经济利益。但作为尚未完全培育成熟的市场，在发展中遇到了一些通过市场方式无法解决的问题，此时需要政府的“有形之手”充分发挥作用。

一、政策法律制约需要政府破题，先行先试推动改革

农村产权流转中，目前较多农户关心的是土地流转，如《土地管理法》规定：农村村民一户只能拥有一处宅基地，在完成确权后，需要有序放开政策。农村集体建设用地、农村宅基地的有效流转，需要地方政府在农民自愿及有效保障农民利益的情况下，积极探索农村集体资产股份有偿退出的合理制度，加强与外部资本的合作，实现资源的合理配置，先行先试，允许股权对外转让。

二、合理规划市场体系，健全完善市场规则

农村集体产权交易涉及农民的根本利益及相关腐败分子的违法利益，这种情况不仅会反映在农村产权交易市场上，也会间接地反映到农村产权流转科技服务平台的建设上，这就需要政府建立省、市、区、镇、村等多层次的市场流转体系，在市场规则不健全的基层体系中，由政府行政力量完成确权基础工作及交易习惯的培养，同时制定地方行业规则，强化培训，推动农村产权交易不断规范，逐步实现市场化。

三、明确赋予地方农交所组织市级农村产权交易的权利与义务，外包可市场化的职能型业务

建议广东省政府效仿北京、上海、天津、成都等地政府，出台相应政策明确赋予地方农交所组织市级农村产权交易的权利与义务。针对地方政府通过经费承担的如农业科技创新转化与推广、新型农民科技培训、农业保险品种研究及推广等工作，通过市场化手段外包给农交所等机构，政府主要负责农村产权交易制度改革，负责监管、成果验收。

四、加大政府财政支持力度，农村社会保障需要政府发力

农民的收入主要来源于农村资产经营性收入、农村财产性收入、财政转移支付收入、工资性收入等，收入形式主要依托于农村产权及财政转移支付等，因此，为减轻农民产权流转的后顾之忧，需增加政府财政投入以稳定农民收入，增加社会保障力度。

五、政府监管促进农村产权市场的健康发展

农村产权市场建设起步于2008年，尚处于发展阶段，可能会存在不规范现象，而农村产权流转科技服务平台起步的时间更晚，因此在农村产权交易过程中，政府的监管不可或缺，特别是对交易机构、交易行为、中介组织等的监管。按照实质重于形式的原则，研究减免过渡期对农村经济合作经济组织因产权流转产生的税收。

为引导农村集体资产进场交易，解决农村集体产权交易经营主体的问题，以及在流转科技服务平台上的问题，赋予了集体经济组织法人地位，农村集体经济组织因此而承担的相关税费却多达21%。需要政府针对此现象进行专项调研、总结学习各地方经验，出台相应优惠政策。

六、通过政府购买服务方式，提供公共服务

为有效促进农村土地流转，需要匹配更多服务，如建立高效农村产权流转市场、培育中介组织等，但由于农村产权的转出方多数为农民，为响应国家支持政策，需要政府通过向农交所购买服务的方式解决费用不足问题。农业工业化标准低，经营效益不理想，需要政府发挥“有形之手”的作用，进行间接调控。如通过财政补贴促进农业规模化经营，通过保险费用补贴分担农业经营风险，通过贴息费用补贴降低农业生产成本，通过购买专利促进农科技成果转化与应用等。

加强农村产权流转科技服务工作与政府密不可分，确权后的产权流转交易习惯的培养需要政府的过渡性承接，但政府行政人员与精力相对有限，对自身的职能性工作已应接不暇，农村产权流转有

待完善并存在机制性的根源性问题，需要政府与市场，特别是政府与国有产权交易所之间合理分工、相互配合、各司其职、各尽其力。

第二节 推进市场机制建设，增加农村产权流转服务能力

一、理顺农村产权流转交易市场主体之间的关系

鉴于目前缺乏明确规定农村产权流转交易市场主体间关系的法律法规，广东省相关部门应采取边实践、边总结、边提升的方式，在认真总结已有经验和做法的基础上，逐步制定并完善农村产权流转及科技服务平台建设的工作指导性文件，引导农村产权交易机构有序实现公开、公平交易。对于产权主体不清晰的问题，必须以相关法律为依据，采取确权举措，认真确认权利主体，在产权主体明确后，及时进行登记并提供相关证明，以减少日后交易中可能存在的产权不明引起的纠纷。广东省采取依托“农村集体产权流转服务中心”的方式进行自身的建设，在开展自身交易活动时，将政府职能与市场职能进行分离，使政事分开，从而理顺农村产权流转交易市场各主体间的关系。

二、扶持农村产权流转交易市场体系建设

农村产权是农民赖以生存的基础，关系到农民最根本的利益，农村产权的特殊性导致既不能完全按照市场规律办事，也不能完全放任不管。要在保护农民利益的前提下，加强经纪人及中介机构的培养，扶持农地流转市场信息化建设，同时还要给予一定的补助政策，扶持农地流转市场体系建设，扶持农村产权流转科技服务平台

的服务建设及管理机构的完善。如广东省可以通过建立涉农金融资产处置市场，将各类农村金融资产进行集合处置，推动农村资本市场的建立，为各类农村金融产品的交易和处置提供平台，为农村产权的流转以及各类资产、企业产权提供资本和产权融通。

三、破解农村产权流转交易的政策约束

农村产权流转需要对产权的所有者、期限进行确认，这在一定程度上导致了流转受限，对农村产权交易制度及方式以及农村产权流转科技服务平台功能进行创新，是促进农村产权顺利流转的重要保障。通过完善农村产权流转交易的政策，能够更加深化乡镇体制建设、完善政府功能，实现村民自治制度化和规范化。广州市农村产权交易所是广东省首个农村产权综合性市场平台，提供农业产业化项目投融资服务，但在实践中这些农村产权的主管部门各有不同，所面临的政策约束也不同，只有及时改进才能提高其交易效率，保障交易市场的健康发展。

四、强化经纪人培养，完善扶持政策

通过强化党组织的领导核心作用，能够巩固和加强党在农村的执政基础，充分发挥其他社会组织的积极功能。为了确实保障农民权益，政府应加强经纪人培养，深入推进村务公开、政务公开和党务公开，实现村民自治制度化和规范化。另外，通过设立奖励补助、减免税收等政策，加强对农村产权流转交易市场的监管和引导，对农村产权的流转交易也具有促进作用。如可以通过探索不同区域农村产权流转科技服务平台的有效形式，先通过试点方式开展，再逐步推行。

五、改善乡村治理机制

通过加强农村基层党的建设，深入开展党的实践活动，在为农民群众生产生活提供便利的同时，有利于提高公共资源的使用效率。这要求加强城乡基层党建资源整合，加强党风廉政建设，坚决查处和纠正损害农民群众利益和加重农民负担的行为。提高农村资产的运营管理水平，发展壮大农村经济，统筹农村服务资源有效整合，扩大农村公共服务的覆盖范围，实现资源共享。

第三节　关注农户需求，构建一站式服务

一、加快建设一站式配套服务

农村产权流转交易市场的活跃，不仅要依靠农村产权流转科技服务平台的开发和运营，更要依赖农村产权流转交易配套体系建设。一是建设农村产权评估体系。通过制定完善的农村产权评估管理办法，尝试建立分级、分类评估机制。建立农村产权评估专家库，实行专家评估与专业机构评估相结合，降低评估成本，减轻农民负担。二是完善抵押担保体系。重点发展村级互助担保，扩大村级担保互助社的授信额度，利用邻里乡亲信息对称、集体内部产权处置便利等优势，通过乡规民约的约束，可有效降低农村产权抵押融资坏账率。三是健全资产收储体系。及时处置农村产权融资过程中产生的不良资产，化解金融机构、担保组织的风险，再次实现农村产权的优化配置。

二、强化信息网络技术保障

依托现代信息技术和网络技术，建立农村产权交易网络系统和信息共享机制，推动农村产权交易电子化、信息化、现代化。农村产权流转交易平台在程序设计和软件开发过程中，应预留接口，整合现有农村产权交易平台，打通相关部门间的信息共享通道，在保障各类信息保密性、隐私性、规范性的基础上，最大限度地实现信息互通。各类农村产权的主管部门应根据交易需求和发展需要，提供各类农村产权确权的详细信息，并配套相关的政策服务，依据流转交易平台的交易鉴证结果，为农户办理产权登记备案和过户等提供便利。

三、不断拓展农村产权交易品种

根据国办发〔2014〕71号文件规定，现阶段可交易的农村产权主要有土地承包（流转）经营权、林权、集体经营性资产所有权等八类。作为农民最大的财产权——农村宅基地和农房，其能否上市交易并没有明确。根据法无禁止即可为的原则，法律没有明确限制的农村产权品种应当可以入市流转交易。随着我国新农村建设的不断深入，必须积极、稳妥地展开农村宅基地利用改革。开展农村土地利用指标倾斜、指标异地置换等试点。针对目前农村普遍存在的"小产权房"，事关农民切身利益和农村稳定，必须分不同情况妥善处理。对处于村镇建设规划区内的集体建设用地，应在为其补办集体建设用地手续与房产证后允许其上市交易；对并不在政府规划的建设用地上建设的，应通过置换补办相关手续后再上市交易；而对于那些在基本农田上建设的，一定要严肃追究、严厉查处相关责任人的责任。

四、各级平台因地制宜共建农村产权流转平台

鼓励市场充分竞争，发挥好农民的主体作用和中介组织的服务功能，有效实现农村产权的溢价增值。各地应面向基层，打造“市、县、乡”三级分工协作、各有侧重、交易联动、信息互通的农村产权流转交易体系，各级因地制宜地构建农村产权流转科技服务平台。市级承担综合服务，实现统一信息发布、统一交易规则、统一交易鉴证、统一网络操作、统一平台建设的“五统一”管理模式；县、乡充分发挥贴近农户、熟悉农情的优势，主要承担区域范围内的农村产权流转交易工作。采取合作共建的方式，打通全国各地、各类农村产权流转交易平台，实现资源共享、优势互补、协同发展。

第四节　因地制宜的分类施策，探寻不同的产权流转平台的管理服务机制

一、珠三角地区农村产权流转科技服务平台发展的重点任务及措施

（一）重点任务

党的十八大以来，珠三角以国家自主创新示范区和全面创新改革试验试点省建设为引领，务实推进以企业为主体，以市场为导向，以重大创新平台和国际科技合作、省部院产学研合作为依托的开放型区域创新体系建设，发挥打造国家科技产业创新中心的主力军作用。在农村产权流转科技服务平台的建设上要同步适应珠三角地区

的经济发展情况，第一个重点任务是，珠三角地区农村产权流转科技服务平台要更加重视科技投入力度，利用现有的科技发展水平以及自主创新能力，增强农村产权流转科技服务平台的科技投入，转变或者升级现有的农村产权流转科技服务平台的科技力量，增添更多的科技含量。第二个重点任务是要加大在农村产权流转科技服务平台上的资金投入力度。首先是将资金投入到农村产权流转科技服务平台技术升级、技术创新等方面的内容，其次，是利用资金的入驻增加其科技含量以及使用的便捷程度，形成一套便于农民操作的高科技含量的农村产权流转科技服务平台。第三个重点任务是加大对农村产权流转科技服务平台的科技规划。以每3年作为一个升级时间点，适当结合当前互联网以及各大网络平台的传播途径，增加农村产权流转科技服务平台的传播方式，为非珠三角地区的农村产权流转科技服务平台形成良好的示范作用。

（二）主要措施

1. 全面构建农村产权流转交易市场运行体系，科学构建科技服务平台

在农村产权流转交易市场体系建设中，首先，珠三角地区应更注重“有形市场”和“无形市场”建设的融合工作，切实做好珠三角地区内市级、县级有形市场建设，落实交易机构和场所，配备相应的专业人员，添置必要的设备设施。其次，珠三角地区分布着较多具有科技科研实力的科研院所、高等院校等，可以尝试利用其丰富的科研创新能力进一步升级农村产权科技服务平台，在平台上尝试使用更多科学的土地观测方法、产权认定方式，升级原有的产权确权的模式，利用科技能力和科技水平减少不必要的事务，增加工作的效率和平台的可行性。最后，珠三角地区还应更大地发挥区位优势、社会资本优势，为农户实现农村产权流转提供更多的交易信

息以及交易的渠道，除了通过科技服务平台增加交易成交量，还可通过其提高交易的成功率。

2. 完善市场交易机制，扩大交易品种

珠三角地区的农村产权流转科技服务平台，在平台功能上除实现提供发布交易信息，受理交易咨询、申请，组织交易，出具产权流转交易鉴证书，协助办理产权变更登记和资金结算手续等基本服务外，在科技服务平台上还尝试形成并完善了具有指导性意义的交易规则、交易办法，认真探索研究合同规范、争议处理、资金结算、收费管理等一系列制度和办法。同时从实际出发，在进场交易主体、交易品种、业务范围、经营模式、配套政策等方面加强研究。在平台上可以采用农村集体资金采购、“一事一议”建设项目招投标等方式，另外，珠三角地区的农村产权流转科技服务平台的应用不可或缺的是实施高效、管理有序的市场交易体制，可以通过科技服务平台进行实时发布。

此外，作为经济实力雄厚的珠三角地区，在农村产权流转科技服务平台上，其农村产权交易类别较多，权属关系复杂，承载功能多样，适用规则不同，因此实行区别对待、分类指导。目前主要以农户承包土地经营权流转、村级集体资产资源的发包为主。按照先易后难的原则，条件成熟后逐步开展农村集体林地经营权和林木所有权及使用权，农村小型水利设施使用权，农业类知识产权，农业生产设施设备，农村建设项目招标等进场交易。

3. 增加科技投入与资金投入

珠三角地区构建和完善农村产权流转科技服务平台与非珠三角地区相比的一大优势在于其经济实力以及科技实力的雄厚。且目前也处于快速发展时期，每一个地区在科技研发以及农村产权科技服务平台管理机制上，都应该有自己的一套规划蓝图，对当地的农业区域加大对农村产权流转科技服务平台的资金支持以及资金投资。可以选择性地在市级农村产权流转科技服务平台实行试点工作，前期适当地投入科技资源，后期在拉动县级、乡级的农村产权流转科技服务平台提供科技示范能力，且也应利用部分资金开展各级农村产权为更好地实现交易事宜。

4. 全力提升，形成示范效应

珠三角地区的产权流转交易主体主要有农户、农村合作社、农村集体经济组织、涉农企业和其他投资者。在科技服务平台上进行交易信息发布的主体也是上述人群。农户拥有的产权由农户自主决定是否入市流转交易，任何组织或个人不得强迫或妨碍自主交易。明确要求，农村集体资产流转必须进入市场公开交易，防止“暗箱操作”。农村集体产权转让的，必须经本集体经济组织成员（代表）大会讨论通过。加强农村集体资产监管，对村级集体资产与工程的承包和招投标等强制进场公开交易。要让农户承包土地经营权、农村集体经营性资产等产权交易通过市场确定价格、自由流动。探索资产抵押担保权能。充分利用农村产权流转交易市场的价格发现和自由流通功能，加强与金融部门、产权登记管理部门的沟通协调，建立健全协作工作机制，积极探索农村承包土地经营权抵押、质押担保方式，盘活农村有效资产，拓宽新型农业经营主体贷款融资渠道，吸引社会资本向农村流动，促进现代农业发展和农民增收。

同时，珠三角地区应增强示范效应，带动非珠三角地区在农村产权流转科技服务平台的发展，降低重复操作的成本，尤其是在非珠三角地区。因此，珠三角地区可以结合实际情况制定出台关于培育发展农村产权流转交易市场的实施意见，并把农村产权流转市场建设列入县区农业农村考核的重要内容，完善信息化平台服务功能，率先带领广东省基本建成省、市、县、乡统一联网，四级联动的农村产权流转交易市场体系和信息服务网络平台，实现农村产权流转交易的公开、公正、规范运行，健全工作机制，负责对市场运行进行指导和监管，统一制定交易规则，并对市场运行、服务规范、中介行为、纠纷调处、收费标准等进行具体规定，保障市场健康运行，强化宣传培训，加强农村基层干部和相关人员的业务培训，提高实务操作能力。可以适当地举办农村产权信息平台业务操作培训班，培训县区、乡镇业务操作人员。同时积极利用报刊、电视、广播、网络等多种媒介，深入组织开展农村集体产权制度改革的宣传引导，积极营造良好的改革氛围，努力争取基层群众对改革的理解支持、真心拥护和广泛参与。

二、非珠三角地区农村产权流转科技服务平台发展的重点任务及措施

（一） 重点任务

非珠三角地区农村产权流转科技服务平台发展的重点任务与珠三角地区有所不同，主要体现在其发展实力以及发展的带动性方面，同时，非珠三角地区在提升农村产权流转科技服务平台上的重点和难点在于科技服务平台的定位以及如何带动欠发达市、县的农村产权可以实现顺利的转型升级。要重点解决农村集体“三资”管理薄弱问题，根据当地的发展规划，探索出农村集体“三资”管理新路子，利用农村产权流转科技服务平台的升级带动农村集体“三资”管理步入有序化、动态化、阳光化轨道。

（二） 主要措施

1. 实现管理制度有序化

非珠三角地区从上述的案例可知，农村产权流转科技服务平台的建设上还包含了农村集体“三资”管理平台的内容，在进一步发展农村产权流转科技服务平台上，非珠三角地区根据区域发展需要应该制定出台相关的农村集体“三资”管理办法、农村集体经济组织财务管理制度等一系列配套管理制度，明确农村集体资产资源交易范围、责任追究、规范产权流转合同版本，为加强农村“三资”监管提供制度保障。同时，参照阳山县经验做法，建立仲裁工作机制，由财政、农业、水利、民政、司法、综治维稳等部门组成农村“三资”仲裁委员会，引导群众通过调解或法律程序进行诉讼。此外，积极实行对“三资”清理监管基础性工作和软件研发建设工作，县镇局域网络同步铺设，硬件建设和制度建设同步完善，确保“三资”管理工作有序开展。

2. 日常监管阳光化

非珠三角地区农村产权流转科技服务平台可以将农村集体所有的资金、资产、资源作为清理对象，由当地纪检监察部门牵头，财经部门具体操作，采取先账内后账外，先资金再资产后资源的清理办法，逐项核实登记，登记后实行专题公开，直至群众确认，做到账实相符、账款相符、账账相符，达到资金总量清、资产价值清、资源分布清、管理运行清、使用处置清的“五清”目标，并将数据输入电脑软件，实行电子化动态管理。而在日常监管方面，科技服务平台可以联合政府部门机构建立统一的农村集体“三资”委托代理机构，由乡镇政府代管村集体经济组织所有的资金、资产、资源和账目，重点把握村级资金收入、大额资金支出、票证审核“三个关口”，对各村“三资”情况进行年度集中审计，实现对各村资金、资产、资源运行情况的有效监管。

同时，在非珠三角各地区可以尝试建立以“一中心一所一员”为架构的农村综合产权交易平台，每项交易均按照项目预审、民主表决、交易申请等 11 个规范流程进行交易，有效防止农村产权“贱卖”，确保产权增值，同时建立村集体“三资”管理台账，落实村级账目逐月公开、季度公开，常年接受群众监督，确保农村“三资”阳光化管理。

3. 加强与珠三角地区在农村产权流转科技服务平台的联系

非珠三角地区在农村产权流转科技服务平台的建设上不是孤立的，尤其是不能脱离整个广东省经济运行以及农村产权流转的发展规律，非珠三角地区农村产权流转科技服务平台的建设更应借鉴珠三角地区的发展经验，借助其雄厚的经济实力和科技实力，增加发展的可行度，以及平台建设的科学性。

4. 充分利用互联网信息化资源

非珠三角地区的农村产权流转科技服务平台建设中要突破技术的限制和宣传传播的障碍，在“互联网+”时代，农村产权交易市场信息披露与村务公开都要顺应信息化时代的要求。非珠三角地区的农村产权流转科技服务平台更应该将农村产权交易信息化，最大限度地提高农村产权交易管理效率和交易透明度，进一步丰富农村产权交易的实现手段，有效发挥农村产权交易资源配置的市场优势。村务公开的信息化，通过通信技术、计算机技术等信息技术将村务管理中相关的信息数字化，通过适当的传播模式将信息发布出来，能实现高效、便捷的政务公开。运用信息化的技术支撑手段实现二者相互嵌入。具体操作上，要对非珠三角地区的农村产权流转交易市场建设在配套项目上给予倾斜，尽快落实明确全省农村产权流转交易平台系统建设资金，对现有硬软件扩充改造，按照全省市场建设方案要求实施系统开发，以便实现省、市、县、乡四级平台联网，实现工作对接、系统联网、信息共享。此外尤其要重视乡、村、户层级的硬件基础设施建设和软件开发与推广，为打通“最后一公里”的信息传播渠道提供技术支撑。

第五节　充分重视农村产权流转领域人才的培养

一、培养农村产权流转科技服务人才的重点任务

（一）加强管理人才规划

管理人才对于各级农村产权科技服务平台来说是“掌舵人”和“领航员”，必须进一步增强对党政和其他类型管理人才的培养和选拔，从管理人才中选拔出熟悉农村产权流转科技服务平台的管理人才。

农村产权流转科技服务平台作为党和政府领导下的公共组织，其管理人才的主体必须是党政管理人才，同时要根据实际需求适当提高其他类型管理人才的比例。在管理人才规划方面，要紧紧抓住培养教育、选拔任用、管理监督三个环节，着力提高各类管理人才思想政治素质和管理能力。从思想政治建设、能力建设、作风建设、组织建设、监督管理、后备人才队伍建设几大方面进行管理人才的培养，也从以上几个方面的能力建设上开展人才规划，在聘用管理

人才时，要针对以上几个方面能否满足农村产权流转科技服务平台发展要求进行人才聘用及培训的规划。

（二） 加强专业技术人才规划

专业技术人才的能力是各级农村产权流转科技服务平台的核心竞争力，要根据经济、社会发展需求与党和政府的规划定位进一步加强专业技术人才规划。要形成对专业技术人才的引进、使用、培养等的全过程管理机制，运用专题培训、轮岗培训、物质激励、心理激励等多种方法，全面加强人力资源的开发工作。

（三） 加强技能人才规划

技能人才队伍建设是各级农村产权流转科技服务平台人才队伍建设的重要组成部分，他们大多是组织平稳运行的基层力量贡献者和组织各部门有机运转的联结动力。要拓展技能型人才的来源渠道，设计具有针对性的绩效评价和激励机制，为组织的改革发展提供充足的后勤保障和后端推力。

二、加强人才培养的主要措施

（一） 人才工作体制规划

人才工作体制规划是对各级农村产权流转科技服务平台组织制定的整体规划，在企业转型升级以及改制的浪潮中，要充分把握机遇，争取更大的独立性与灵活性。一是以交易为导向，摒弃传统的行政制组织体系，建立以事业部制或矩阵制为主的组织体系，以业务项目为核心的绩效考核体系。二是参考现代化的人力资源数据库和调控系统，构建员工综合素质、业务能力的模型。三是建立以事业编制人员为核心，通过政府购买、聘用以及与农业经济公司、农村合作社、成熟土地流转平台合作等多种方式补充自身人才格局。

（二）人才引聘规划

人才引聘是组织人才流程的重要环节。组织的人才引聘必须系统地对人才储备进行分析评估，才能做出有效的引聘联动。一是根据科技服务平台主要从事农村土地产权流转或交易这个核心业务，拓展人才引聘渠道。在交易平台自身发展及机构调整的过程中，要向其他市场化运营模式的交易机构学习，扩大招聘渠道的人才来源。二是要试行分类引聘制度，管理岗位要突出决策水平、领导能力、综合协调能力，业务岗位要突出执行能力、反应能力、办事能力。三是根据岗位需求，控制引聘结构，在引聘过程中要考虑各种岗位和专业需求，做到精准引聘。

（三）人才考核评价规划

组织对人才的考核评价反映着组织的整体价值观。作为带有政府色彩的交易平台，应同时注重交易的质和量。各级农村产权流转交易平台业务的开展，不仅关系到平台自身的生存，也关系到农村经济发展、缩短城乡贫富差距、统筹城乡综合改革的结果。因此，不应只将交易量作为平台和人员的考核重点，更应注重以下几个方面：一是要树立科学的人才评价价值观。考核评价要考虑业务绩效、新品种推广、勤政廉洁、服务态度等多方面因素，要坚持定量与定性相结合的考核指标，要统筹显性与隐性的考核指标。二是要坚持过程评价与结果评价相结合。应分为日常考核和年度考核，以日常考核为主，年度考核为辅。根据工作任务目标及分工，考核日常工作完成进度，掌握流转交易市场动态变化。三是细化考核指标。将考核指标分为定性指标和定量指标。定性指标主要反映员工工作作风、服务态度、廉洁情况等内容。定量指标主要反映员工工作完成情况，在科学设定岗位职责和岗位要求的基础上，归纳并选择最能体现岗位工作特点、工作要求、工作难度和工作量的指标，将其量化，使之能够最直接、最准确、最具体地反映干部工作实绩。定性指标和定量指标所占权重一般设定为25%和75%，以定量指标为主。四是合理应用考核结果。考核的目的在于公正、全面地评价员工德才表现，而评价的目的在于奖勤罚懒、改进绩效。因此，应将考核结果与奖惩、培训、晋升等人力资源管理的诸多环节挂钩，采用物质激励和精神激励相结合的方式，有针对性地满足干部的多层次需要。

（四） 人才激励规划

人才激励不仅是人才奖赏，而是通过正面强化与负面强化相结合的方式为全体员工和组织前进提供推力和引力。一是实行分类激励。根据不同员工不同的类型和特点制定激励措施，重点考虑个体差异，采取因人制宜的办法，着力做好分类激励。如在性别方面，女性员工对报酬更为看重，而男性则更注重组织和自身的发展；在职务方面，一般员工注重薪酬福利的增长，而管理人员则更看重多岗位锻炼及职务晋升。二是奖惩激励互补。对于流转交易窗口服务人员，服务水平、态度等可作为考核重点，对于流转交易信息收集及交易人员，业务项目成交量、信息收集量及真实性可作为考核重点。

（五） 人才选拔任用规划

人才选拔任用是人才流的纵向活动，需要坚持党的领导、内外部市场相结合和多种任用制度并行的原则。一是坚持内部市场与外部市场相结合的选拔任用原则。中层管理人才的选拔任用，一般应优先考虑在内部实行竞争上岗，这样才能发挥人才选拔的激励性。只有内部高管人才不能满足组织战略扩张时，才考虑从外部市场进行引进。二是以委任制为主体，探索扩大聘任制。聘任制是相对委任制而言的，又称聘用合同制。聘任制的采用避免了委任制的一些缺陷，为高层管理者发挥管理、经营特长提供了平台，有利于增强高管的危机感和责任感，保持高效的工作状态。

（六）人才培训规划

一是增加培养的资金投入。建议协调省、市、区、乡的财政，以政府购买服务的方式将各地区的农村产权流转科技服务平台的运营经费和交易系统运营维护经费列入财政预算，以便各地区的农村产权流转科技服务平台引进和培养人才，为省、市、区、乡、村、户不同层级平台建设的人才需求提供资金保障。二是定期开展岗位培训，提高相关人员专业素质。主要是由于当前互联网信息的迭代更新速度较快，开展培训才能更好地适应不同阶段对于农村产权流转科技服务平台的人才需求，满足新一轮农村产权流转科技服务平台的转型升级需要。可以通过农村综合产权专场培训会、二手农机交易会、农村综合产权交易推介会、科技示范户专场观摩会等形式多样的培训活动进行人员培训，提高人员在信息搜集、整理、发布等方面的专业素质。另外邀请相关的学科研究人员，下乡对部分农村产权流转科技服务平台进行操作系统的培训，尽量使每一位管理人员以及技术人员可以熟练使用，熟练讲解科技服务平台上的每一项业务工作，提高工作的效率和为农民实现交易创造更为便捷的渠道和途径。

第六节　加强服务宣传与完善风险防范机制

一、加强宣传服务工作

通过电视、广播、宣传手册、宣传车等多种手段，宣传农村产权交易平台的作用、意义和良好效果，增强农民通过平台进行产权交易的意识。各地区的农村产权流转科技服务平台也可以通过现有的“两微一端”的途径，增加农村产权流转科技服务平台在工作中的曝光度，增加农民对农村产权流转科技服务平台的认识。

二、完善风险规范机制

（1）针对农村产权交易中的信息不对称风险，基于前文对信息不对称风险的分析，可以发现信息不对称的根源在于交易双方的信息获取能力差异以及农民交易的支持能力和知识结构不足等方面，所以对于信息的获取可以采取一定的保障措施，如在产权交易所下设置相应的交易服务中心，对交易信息及时进行搜集整理，搭建信息沟通的渠道，还可以参考其他省市的做法设置由县、乡、村三级交易服务机构组成的立体组织架构，保证农民可以在交易中最大限度地得到信息资源。针对农民的知识结构和交易支持能力不足问题，可以建议服务中心提供资产评估、资产认证等服务，甚至提供合同签订指导意见等法律服务。此外，对于信息不对称的问题政府也应该提供相应的立法保障，出台保护农民等弱势群体的意见，尽可能降低由于信息不对称导致的交易风险，防止农民利益受损。

（2）针对农村产权交易中的合同风险防范进行探讨，由于前文对农村产权交易中的合同风险分析主要体现在农民风险意识淡薄、对于风险的了解不够全面、条款设置不尽合理等方面，所以如果要对合同风险进行有效的防范，就要遵循一定的原则：首先，要求合同必须采取书面形式，因为这是法律的硬性规定，交易双方必须遵循；其次，合同条款规定尽量明确，特别是对于纠纷解决以及合同履行中的争议做出详细的规定，可以参考土地承包法及其他产权交易法律法规中涉及的因素；再次，合同中还要对交易之后双方的后续合同义务进行约定，如是否可以进行转交易、交易的限制性条款等，即使双方就某些问题目前还不能达成确切协议，也要在合同中确定以后另再商议的条款；最后，还建议出台农村土地产权交易合同的各类标准文本，便于交易主体参与市场交易时参考，降低合同风险。在以上基础上，还建议加强对农民风险意识的培养，通过对农民进行一定的培训，提高其缔约能力，最大限度地降低缔约风险。

（3）针对农村产权交易平台中的交易风险，尤其是土地产权交易中的社会风险，土地产权交易必须优先保护农民的根本利益。土地交易是农村经济发展的必然趋势，反映了生产力发展的客观要求。通过土地交易实现适度规模经营对于优化配置土地资源、加快产业结构调整、加速农村劳动力转移、拓宽农民增收渠道具有重要的现实意义。在具体的交易过程中，应该特别提醒交易主体对于交易风险的认知，在交易前要求交易优势一方必须保障农民的权益，同时加强对产权交易后农民生活的关注，建立相应的保障体系，促使交易后农民尽快适应非农生活。特别是对于业主交易土地推进过程中可能引发的多种风险更加不容忽视，因此，始终坚持保护农民利益，正确认识和处理好土地规模交易中各方利益主体的关系非常重要。

在风险控制实施手段上，在各级产权交易机构内部设立风险管理组织，其主要人员由该单位主要负责人参加，制定各自的职责，权责明确。内部控制要体现对交易全过程和各个层面的全面控制，贯彻全过程控制的理念，把产权交易的交易前、交易中、交易后三个阶段的风险因素进行全面把握，识别其中的主要风险，并采取相应的风险管理措施。内部控制要求采取信息化手段加以控制，即内部要完善电子化办公系统，建立和健全信息化控制平台，提高风险监控的效率。

从外部监管来看，应当尽快建立由第三方组成的产权交易风险监管体系，并建立担保公司保证交易过程的顺利进行。具体而言，建议建立耕地保障基金和风险担保公司，按照各地的成功经验和做法，为确保农村产权流转工作顺利进行，并能按照市场化运作模式分担风险，从而保障农村产权交易市场健康、有序、高效地运转，建议从实际出发，积极开展建立耕地保障基金和为风险担保公司创造积极条件，利用市场化手段最大限度地降低农村产权交易的风险。

参考文献

［1］沈英．建设新农村背景下的农村科技服务［J］．河北农业科学，2008（6）：154-155.

［2］王奎武，匡勇．关于新型农村科技服务模式发展的思考［J］．农业科技管理，2008（2）：67.

［3］李洪涛．广东农村产权交易市场政府管理与市场机制研究［J］．南方农村，2008（6）．

［4］韩先一．农村产权流转交易服务保障标准化需求分析［J］．中国标准化，2016（6）：81-85.

［5］吴兆明，等．搭建产权交易平台优化农村资源配置——扬州全面构建市县镇三级农村产权交易市场体系［J］．江苏农村经济，2015（1）：33-34.

［6］姜宏涛．海南省农村产权交易模式构建研究［D］．天津：天津大学，2011.

［7］吴群．农村产权交易市场发展若干问题思考［J］．现代经济探讨，2014（10）：43-45.

［8］农村产权流转“并网”要加快［N］．领导决策信息，2016（6）．

［9］刘颖．农村产权流转交易市场体系建设与配套制度研究——以四川省为例［J］．湖北农业科技，2014（9）．

［10］张炳辉，田艳芬，于焱．产权交易市场发展水平及影响因素探

索［J］. 经济天地，2012（5）：77-78.

［11］陆剑，彭真明. 农村产权交易的制度建构——基于成都、武汉农村产权交易所的实证研究［J］. 农村经济，2009（9）：12-15.

［12］《国务院办公厅关于引导农村产权流转交易市场健康发展的意见》（国办发〔2014〕71号）.

［13］李月星. 引导农村产权流转交易市场健康发展［J］. 上海农村经济，2015（2）：45-47.

［14］韩爱荣. 农村产权交易平台的技术实现方案［J］. 农村经营管理，2015（5）.

［15］林春. 加快农村产权流转交易市场建设［J］. 江苏农村经济，2016（7）.

［16］彭友雯，赖廷锋. 合浦县三资惠农阳光监管平台建设实践与启发［J］. 农业与技术，2013.

［17］冯云忠. 农村“三资”管理中存在的问题及对策［J］. 农业与技术，2013（8）.

［18］王保丽. 浅论实行农村“三资”管理信息化环境下的内部控制［J］. 经济研究导刊，2012（31）.

［19］覃荣革. 浅议农村“三资”管理不到位的原因及其解决对策［J］. 现代经济信息，2014（14）.

［20］邱瑾. 对加强和优化东莞市农村“三资”管理的思考［J］. 农村经济与科学，2018（9）.

［21］谭利伟，李靖. 推动农村产权流转交易市场健康发展［J］. 经济纵横，2016（17）.

［22］黄伟君，叶欣. 构建农村产权交易流转的大平台［J］. 产权导

刊，2015（7）.

[23] Demsetz，H. Toward a theory of property rights［J］. *American Economic Review*，1967，122（57）：347-359.

[24] L. Fisher. *Elmentary principles of economics*［M］. New York：Macmillan，1923：2.

[25] Pejovich，S. *The Economics of Property Rights—towards a Theory of Comparative Systems*［M］. Dordrecht：Kluwer Academic Publishers，1990.

[26] Williamson OE. *The economic institution of Capitalism：Firms，Makets，Relational Contracting*［M］. New York：The Free Press New York USA，1985.

[28] 文宗瑜. 农村土地产权交易市场的建立及其监管［J］. 国有资产管理，2009（8）：32-35.

[29] 王智源. 亟须建立农村综合产权交易平台［J］. 产权导刊，2009（12）：29-30.

[30] 王嘉骊. 中国产权交易市场研究［D］. 北京：清华大学，2004.

[31] 唐文金. 农户土地流转意愿与行为研究［M］. 北京：中国经济出版社，2008.

[32] 揭筱纹，李镜，等. 现代科技服务体系创新模式分析［J］. 软科学，2014（5）.

[33] 陈俊红，李红. 北京农业科技服务体系的建设思路［J］. 农业技术与装备，2013（2）：15-17.

[34] 温宪元. 加快泛珠三角区域创新体系的建设框架与发展对策［Z］. 广东社会科学，2005.

[35] 于舜．山东省科技服务体系建设研究 [D]．济南：山东大学，2010.

[36] 杨印生，盛国辉，刘子玉．吉林省新型农村科技服务体系建设模式与运行机制研究 [J]．农业技术经济，2005 (1)：64-69.

[37] 刘烨，肖广岭，等．省际区域公共科技服务平台布局初探 [J]．科学学研究，2016 (5).

[38] 张贵红，朱悦．我国科技平台建设的历程、现状及主要问题分析 [J]．中国科技论坛，2015 (1)：17-21.

[39] 孙庆．基于区位因子评价的黑龙江省科技创新平布局优化研究 [J]．科技进步与对策，2012 (19)：42-46.

[40] 孙庆．区域科技创新平台空间布局模式及其选择研究 [J]．科技管理研究，2012 (18)：36-39.

[41] 岳素芳，肖广岭．公共科技服务平台的内涵、类型及特征探析 [J]．自然辩证法研究，2015 (8).

[42] 王瑞敏，等．公共科技服务平台构建和有效运行研究 [J]．科研管理，2010 (11)：114-115.

[43] Sanjiv S. Gulshan. Innovation Management: Reaping the benefits of Open Platforms by assimilating internal and external-innovations [J]. *ProcediaSocial and Behavioral Sciences*, 2011 (25): 46-53.

[44] Catherine W. Kilelu, Laurens Klerkx, Cees Leeuwis. Unravelling the role of innovation platforms in supporting coevolution of innovation: Contributions and tensions in a smallholder dairy development programme [J]. *Agricultural Systems*, 2013 (118): 65-77.

[45] 葛丽敏．公共科技服务平台的功能定位与组织模式研究——以浙江省为例 [D]．杭州：浙江工业大学，2008 (11)：15-16.

[46] 方琳瑜，宋伟．“一带一路”倡议下企业海外知识产权风险预警与管理机制研究［J］．科技管理研究，2016（8）．

[47] 孙国峰．我国农村产权改革的“锁定”原因分析［J］．当代经济研究，2008（4）．